U1008663

TEACH YOU
TO BE A
GOOD ACCOUNTANT

会计研讨小组◎编著

手把手教你做优秀会计

天津出版传媒集团
天津科学技术出版社

图书在版编目（CIP）数据

手把手教你做优秀会计 / 会计研讨小组编著. -- 天津 : 天津科学技术出版社, 2017.1（2017.6重印）
ISBN 978-7-5576-2066-0

Ⅰ. ①手… Ⅱ. ①会… Ⅲ. ①会计学 Ⅳ. ①F230

中国版本图书馆CIP数据核字(2016)第297679号

责任编辑：方　艳

天津出版传媒集团
天津科学技术出版社出版

出版人：蔡　颢
天津市西康路35号　　邮编：300051
电话（022）23332695（编辑部）
网址：www.tjkjcbs.com.cn
新华书店经销
大厂回族自治县彩虹印刷有限公司印刷

开本 710×1000　1/16　印张16.5　字数264 000
2017年6月第1版第2次印刷
定价：42.00元

前言

会计是一项专业性极强、要求也非常高的管理工作。它的发展历史非常久远，早在原始社会时，人们就能够使用“刻记记数”及“结绳记事”的方法，简单记录耕猎收获的数量，这是人类最原始的一种会计活动。

而在竞争激烈的当今社会，会计领域在一个企业中所具有的核心地位越来越突显。作为一名企业经营管理者，你要懂一点会计，因为企业经营活动的最终结果都会反映到“账面”上，不懂会计就很难做好管理。而对正在学习会计专业的新人来说，学好会计更是立足于社会、抢占制高点的良机，因为会计是当今社会一门通用的“商业语言”，也是职场人所必须具备的三大语言素质（另两种是外语和计算机）之一。

但会计作为一门“另类”的学科，因其在规则、体系以及专用表述等方面比较特殊、死板而令初学者难以入门，甚至望而却步。因此，使会计专业的学生，还有想学习、了解会计的人能够更加轻松且充满乐趣地学习并掌握这门大有用处的会计学，真正从“零基础”开始学起，并学会会计中那些晦涩、难懂的知识及实例操作，正是本书写作的初衷。

本书介绍了会计的基本理论知识，还借鉴了由财政部发布的《企业会计基础工作规范》的有关规定，并通过一些具体、翔实的业务举例，帮助初学者或刚刚从事会计行业的人员，形象且深刻地理解会计业务所具有的本质特点。

在企业内部、企业之间、企业与政府等机构之间发生的各种经济事务，都可以使用会计这门商业语言进行交流。而企业拥有多少资产、债务、所有者权益，有多少收入，产生了多少费用，利润水平如何等问题，都需要使用会计语言来说明。因此，财务人员的会计工作就类似于“翻译”，即把企业日常的经济事项以会计的语言进行表述。

而这种翻译的最终结果就反映到账务上，也就是说，会计工作是离不开账的，任何一名会计新手都要从对“账”的认识开启他日后所要从事的会计工作。而账簿上面的数据是否准确、及时，对企业经营的战略以及未来的发展规划至关重要。当前，我国社会和各企事业单位，对“账务”的观念呈现了新的认识，对“账务”的知识和实务需求也达到了一个前所未有的高度。为了满足这种不断增长的社会需求，本书针对会计工作从建账直至报税的全套账务流程以及所涉及的基本要素、环节、种类等进行了全面、细致地讲述和深入地剖析。这是众多想从事会计工作或是想对会计工作有所学习、了解的人非常渴望获得的知识。希望读者能够通过阅读本书，进一步提高对会计专业知识的理解，并提升自身实务操作的水平。

此外，本书是严格按照新会计准则的要求来编定的，并采用了最新的会计业务处理方式及方法，可充分反映会计理论及会计实务改革发展的成果。全书层次分明、通俗易懂、重点突出，且适用范围广、可读性强，在保证时效、准确、全面的基础上，力求指引初学者或财务从业人员快速入门。而对于企业管理者来说，这也是提高其学习会计基础知识的效率和管理水平的一本必备书。

但由于笔者的水平有限，书中难免会有一些瑕疵或纰漏，希望读者朋友们能够给予批评和指正。

目录

目录

目录

第一章

初入职场——全面了解、认识会计

会计是以货币作为主要计量单位，以原始凭证为其主要依据，采用专门的技术方法，对一定单位的资金运动进行全面、综合、连续、系统的核算及监督，向相关方面提供其会计信息的一种经济管理活动。我国自周朝开始，就设有专门的会计官职，负责掌管全国的赋税收入和钱银支出等财务工作，并进行月计及岁会。其中，每月的零星盘算为“计”，而一年的总盘算为“会”，两者加在一起即为“会计”。

你适合做会计吗

在我们的身边，有很多人擅长记忆数字，也有很多人擅长逻辑推理。那么，拥有哪些特征的人更适合做会计呢？一般来说，适合会计工作岗位的人大都比较沉稳、严谨，但实际上，无论人的性格如何，做会计与其他工作一样，都要求具有很强的敬业精神。

做会计，要能沉下性子做事

整体来看，那些细心、稳重的人更适合做会计工作。这是因为，会计工作在大多数时都是案头工作，如果不能让自己心静如水，就难以做好会计工作。因此，“好动”类型的人就很有可能不太适合从事会计工作。

我们在做职业规划时就应注意，如果下定决心去做会计工作，那么首先就应该自省：我是不是可以沉下性子做事呢？另外，当面对纷繁的数据时，一名优秀的会计要拥有清晰的条理、明确的处理思路，否则在一堆堆枯燥的数据面前就会感到无所适从。

此外，会计工作不但要在单位内部进行沟通，还需要处理与税务、银行等外部交流的工作，如果自身缺乏一定的交际能力，或者是性格过于内向，那么也很难做好一个管理型的会计。但是性格过于外向，或是做事经常冲动的人，也不适合做会计工作，虽然任何工作都需要激情，但做财务工作的人却不能意气用事，也不能经常激动。还有一点是最重要的，那就是绝对不能屈服于巨大利益的诱惑，否则就会掉入泥潭并且越陷越深。

适合会计的职业倾向性分析

综上所述，最适合从事会计工作的职业倾向性如下所述。

（1）处理事情谨慎、小心，喜欢安静；处理问题仔细、精确，富有条理，逻辑性强，还要本分务实。

（2）为人诚实且忠诚度高，看问题应重事实依据；做事喜欢有目的、有计划，能够安于现状，不好高骛远。

（3）工作认真努力、一丝不苟、脚踏实地，无论做什么，都可以有条不紊地把它完成。

（4）既讲求实际又明智、豁达，对工作孜孜以求，而且有极大的专注力和极强的责任感。

所以，我们建议那些准备或即将踏入会计工作岗位的年轻朋友们，先要理性、科学地分析一下自己是否真正适合在这个领域发展，这样对自身职业的长远规划大有益处。

会计专业的就业方向

（1）财务工作，具体包括会计、出纳等。此类工作是比较稳定的，但企业对从事具体财务工作的人，看重的是经验，而对刚入职的新人来说，待遇可能不会太好，但随着你的经验不断积累，就会变得越来越吃香。

（2）审计。很多单位的财务制度比较健全，会有其内部的审计机构。另外，很多会计师事务所也主要从事财务审计的工作。此类工作的待遇会比较好，但在忙季可能会特别忙，尤其是在会计师事务所。因此从事此类工作的朋友们，要先做好一定的心理准备。

（3）税务，主要是各级税务机关。但税务的相关工作往往比较烦琐，如果想进税务机关，就要对税务知识有非常全面的了解。

（4）金融机构，比如银行、证券、保险业等。这些岗位的待遇就不用说了，肯定是非常好的，但压力也会很大。

（5）统计。企业的统计工作是由财务人员完成的或是兼职完成的。

会计的就业前景

会计这门学科的实践性很强，而且随着我国经济的不断发展，会计的前景是非常广阔的，就业机会也不断增多。但未来会需要更多懂得税法、经济法以及管理的高智能会计，那些仅会算账、记账工作的会计远远不能满足未来的发展需要。

目前，我国的会计行业正处于初级人才极度饱和，而中、高级人才十分匮乏的局面。针对这种现状，全国的各大高校也都纷纷开设了会计学在职研究生的课程班，以便培养更多会计学方向的中、高层专业技术人才。这些人在学成之后，大都具备管理、经济、法律和会计学等各方面的知识及能力，他们既可以作为技术应用性人才，从事会计核算与管理的第一线工作，也能在各大企事业单位及政府部门从事会计教学和科研等方面的工作。

学习会计时的认识误区

学习会计的人如何才能够兼顾学习质量与效率，并尽快胜任会计的工作呢？什么样的会计人员才能在职场中脱颖而出，尽快抵达成功的彼岸呢？为此，我们把学习会计时的一些认识误区罗列出来，帮助大家更好地理解和学习会计知识。

不可轻视“理论”而盲目重视“实践”

很多人往往会把一些会计制度和准则当成了理论，把实际工作中的一些操作当作了实践，他们轻“理论”而重“实践”。实际上，会计工作是一项理论性极强的工作，对财务人员的职业判断能力要求非常高，如果他们对制度和准则理解不深、不透，就不能做出准确的判断。因此，财务人员必须要提高自己的理论水平。

会计工作的对象是企业的经济活动，这就需要财务人员对企业经济活动的本身，即业务流程的各个环节与细节都要做到非常熟悉，这样才能做出准确地核算及有效的监督。而很多新手会计实际上并不真正懂得“会计实践”指的是什么，却误将一些会计的现实做法当成了会计实践，这就导致他们只知其然，而不知其所以然。

在会计知识中，各种原理、制度、准则的部分占有相当大的比重，在把原理学透，制度和准则把握准的基础上，操作流程，顺其自然，慢慢地也就会了，因此决不可轻“理论”而重“实践”。

不可重形式而轻实质

分析报表是财务分析的主要手段，但前提是报表的数据必须要及时、准确和完整，否则，用再高超的分析技巧得出的结果也是毫无用处的。因此，财务分析人员要从内控的角度，判断数据是不是能够及时、准确和完整地反映经济业务。

当前的会计制度和准则变化非常快，如果使用不同的核算制度作为依据，那么得到的报表指标也有很大区别，所以财务分析者就应在核算依据变化的情况下，对各期的指标全都统一口径，使得前、后各期的数据具有可比性，然后再做出自己的分析，这样得出的结论才比较准确和客观。

此外，财务分析的重心就是对企业的业务活动进行分析，即使制度和准则发生了变化，但报表是反映企业经济活动本身的这一点，也是不能改变的。这就要求财务分析人员能够透过制度和准则了解业务活动本身。只有报表所反映的业务活动是正确的，得出财务分析的结论才是准确的。

不可重“理解”而轻应用

会计这门专业，操作性极强，只有会应用了，才能算得上学会了。如果在学习的过程中只是感觉自己听懂了，就往往可能只是你自己的认为，而实际上，在应用的时候却连了解的程度都还没有达到。

真正学习会计知识，是要反复领悟每条内容，并把问题分解到各个环节和细节上，然后再考虑应该如何具体的应用，而且还应对可预见到的问题思考解决办法。

不能只当一个专职的会计

任何专业的突破往往都来自于专业之外的启发。对会计来说，其工作特点是综合性很强，肯定会涉及经济管理的各个方面，特别是这种工作强调其职业判断能力，而职业判断能力也必然要建立在综合考虑的基础之上。

具体来说，会计工作的岗位有工资核算、往来核算、财产物资核算、资金核算、成本费用核算、收入利润核算、编制报表、稽核、会计核算各岗、会计档案管理、软件操作、审核记账、电算维护、电算审查、数据分析等。这在企业内部，要涉及企业的所有部门；而在企业外部，也要与银行、税务等部门打交道。因此，我们对会计岗位的认知程度也要相应的提高，决不能满足于只做一名会算账、记账工作的会计。

做一名合格会计应掌握的技能

我们大家都知道，从事财务工作必须要事无巨细，因为几乎所有的事务都与数字相关，也就是所谓的与数字打交道，用各种数据说话。因此，作为一名合格的财务工作人员，必须具备以下的基本技能。

会计应掌握的操作技能

曾经有一个财务人员开玩笑说，由于他在同事中操作Excel的水平是最好的，因此就被委以重任。其实这句话说得没有错，当大家都处在同一个平台时，除了专业技能之外的其他技能，就成了决定发展前途的重要因素。

Excel是财会人员接触最多的操作工具，但除了会使用简单的加、减、乘、除功能外，很少有人掌握更多的公式或是其他的功能。而Excel的功能十分强大，一个Excel高手可以把你需要花费几个小时才能做出来的结果，瞬间呈现在你的面前，大家不必对此感到惊奇。如果你的Excel水平还不够好，那就尽快努力吧！相信熟练的Excel技能不但能提升效率，而且增加了领导对你的关注度。

此外，财会软件是财会人员的业务处理平台，除了应掌握一些简单的应用外，我们还需要对其进行深入了解，甚至了解其软件技术。否则，当你遇到问题感到措手不及，而软件技术人员只需花费几分钟就可为你解决时，你就能意识到财会技能再加上软件技能，肯定会令人身价倍增。

会计应掌握的知识技能

会计是一种活到老学到老的职业，随着经济的发展以及环境的变化，会计的最新准则也在不断发布，我们应及时学习最新颁布的内容。同时，财务人员还需要面对众多的考试，比如职称考试、注册会计师考试等。而考证的参考教材通常都会同最新的财会准则保持一致，其中包含了会计、税法、经济法等，这些都是一个财务人员应该掌握的整体知识。所以，我们也可以考虑以考代学。

财务人员还要做到学以致用。记账是财务人员最基础的工作，除此之外，还有很多管理性的工作要做，比如财务预算、财务分析、资金管理等，这些财务工具可以给管理者提供一些决策信息。因此，掌握这些知识，也是财务人员更好地发挥自己能力的助力器。

做账须准确、及时

简单来说，做账就是把企业发生的所有经济业务全都记录下来，而会计电算化的做账过程，也就是录入记账凭证的过程。

在具体的实务操作时，财务人员应直接在计算机上使用财务软件，而填制记账凭证的基点也要根据已经审核无误的原始凭证。每一张原始凭证也要做到手续齐全、内容真实、数字准确，如果原始凭证不真实、不合法，财务人员就应不予受理；而对于一些记载不准确、不完整的原始凭证，也要及时将其退回，并让其做出更正或补充。

做账的基本功，与前面提到的计算机使用能力的基本功是密不可分的，财务人员只有在熟练掌握计算机，并且具备扎实的会计基础理论的前提下，才可以顺利地完成做账工作。

查账、找错应严谨和细致

对待财务工作应严谨、认真，而具体的财务体系和财务制度都具有其严谨性，数字和数字之间也存在很多钩稽关系，账账、账表、账实相符也是财务工作的基本要求。在具体的做账过程中，往往前面的一处差错就会导致后面的所有差错，这就要求财务人员必须具备基本的查账、找错能力。

现在的财务软件，可以通过查账、汇总等方式把需要的数据全都统计出来，并把具体的发生项找出来。因此，要避免发生一些账务差错，就可以先从做账的及时性入手，对容易出错的现金日记账、银行日记账等资金类账户，做到日清和月结，财务人员每日也要核对账款是否相符，一旦发现问题就要及时查找。

而对需要月末汇总的原材料出库单、库存商品出库单等，在输入各管理软件或者表格时，也应记载准确的日期、单据号等原始信息，以便日后查找。

会计部门相关岗位的设置及分工

我国财务工作的岗位通常有财务经理或会计主管人员以及出纳、各种科目的核算、稽核、档案管理等。财务岗位既可一人一岗，也可一人多岗或一岗多人，但对出纳会计来说，不能兼任稽核、会计档案保管和收入、支出费用等工作。因此，正确区分会计工作是掌握财务工作重点、切实做好会计工作的前提条件。

出纳会计

1. 出纳会计的岗位职责

（1）负责公司日常的现金收付，按照已核准的现金付款凭证付款，冲销往来款项；应为当事人及时开具收款收据；每日登记并核实现金日记账是否相符，月末时应与总账核对，以确保账账相符、账实相符。

（2）加强现金管理，把超过规定限额的现金及时送存企业的银行账户，不能用白条抵库，也不能挪用公款，个人现金也不能与公司现金混用。与报表会计配合，做好现金的盘点工作，并出具现金盘点表。

（3）按照相关的审批手续以及完整的付款通知单付款；对已付或已收货款要及时通知经办人，并每日登记银行存款日记账，月末时与银行对账单进行核对，对未达账项也要及时查询，并按照需求编制银行存款余额调节表，在送报表会计审核之后，连同对账单在每月1号凭证前与第一本凭证一起装订，以保证账账相符、账实相符；把收付款单及时分发给相关会计做账。

（4）每日下班前，应把资金报告表发送给财务经理。

（5）负责办理公司的税务申报工作。所有申报表都需要经本部门经理审核之后再盖章申报；及时填制公司历年的缴税情况表；做好同税务主管部门的信息沟通工作，并及时向本部门通报有关税收政策的变化情况。

（6）负责增值税发票的采购、保管及复核的工作。

（7）负责相关凭证的装订和账套拷贝工作。

（8）负责本部门考勤统计以及伙食补贴的计算工作。

2. 出纳会计应填制的报表

出纳会计应填制的报表有：现金盘点表、固定电话费用明细表、资金报告表、个人所得税申报表、部门考勤表、银行存款余额调节表、公司历年缴税情况表、部门伙食补贴发放表等。

成本会计

1. 成本会计的岗位职责

成本会计的岗位职责包括：每月应去车间盘点原料、在制品、自制半成品等；按照相关产品、半成品的品种、规格及型号，核算生产成本；对材料单价的准确性进行复核；每月需准备成本分析表等材料，组织相关人员召开成本分析会等。

2. 成本会计应填制的报表

成本会计应填制的报表有：各盘点表、辅助生产成本分配表、各品种成本计算表、成本台账和成本分析表、各车间考核表、制造费用简报等。

费用会计

1. 费用会计的岗位职责

费用会计的岗位职责包括：对管理费用、财务费用和营业费用进行核算；对变动比较大的费用进行分析、说明；负责其他应收及应付款核算，每月核对其他应收款往来；对所有者权益、无形资产和递延资产进行核算；负责核算企业的利润；完成相关的统计工作等。

2. 费用会计应填制的报表

费用会计应填制的报表有：管理费用明细表，财务费用明细表和营业费用明细表，集团内部往来余额表，每半年度出具一次其他应收款的账龄分析表，各车间或部门的办公费用、邮电费、业务招待费、低耗品明细表或费用执行表，相关各统计报表等。

材料会计

1. 材料会计的岗位职责

材料会计的岗位职责包括：负责材料出入库；在已付款而发票或者货物未到时，要及时通知经办人进行处理；及时追讨已购商品的发票，并做好发票移交的登记工作；及时审核进仓单和发票；每月末组织人员对原材料进行盘点，而其他材料应每半年全盘一次；每月末协助成本会计盘点原料；及时跟踪采购合同，了解采购单价及运费情况并做好暂估入库核算；复核成本会计制作的相关原材料消耗考核表；管理货物进出仓单；负责相关应付账款以及预付账款的核算；及时对账，以保证物流管理子系统同总账系统相符；配合费用会计完成集团内部的往来余额表。

2. 材料会计应填制的报表

材料会计应填制的报表有：材料盘点表、常用物料采购明细表、进出仓单领用明细表、集团内部往来余额表、原材料库存表、配合销售会计完成销售情况表等。

销售会计

1. 销售会计的岗位职责

销售会计的岗位职责包括：按照品种、规格和型号核算生产成本，并及时对账；登记销售台账，并按照产品品种、规格和型号，核算销售收入、成本和毛利；据实开具销售发票，经复核之后交给开票申请人，并对相关发票进行登记，不能套开、虚开发票；做好应收账款的登记工作，每月需同经营部核对应收款余额，并做好账龄分析。

2. 销售会计应填制的报表

销售会计应填制的报表有：产成品、自制半成品盘点表，产品库存表，销售发票开票清单，产品销售报表，内部销售情况表，每半年度出具一次应收款账龄分析表，子系统对账不符情况说明表等。

固定资产会计

1. 固定资产会计的岗位职责

固定资产会计的岗位职责包括：完成固定资产的卡片登记与入账工作；按

照相关的报批原则，做好固定资产的报废及销售的核算；审查借出、转让的固定资产手续是否完整、准确，对手续不完整的不能为其办理出厂单；按照相关规定计提折旧，并做好账务处理；在建工程应按照项目进行明细分类核算，及时跟踪在建的工程进度并及时取得完工验收的报告；应每年组织一次固定资产盘点；保证固定资产子系统同总账系统相符，因特殊情况导致不符时，应填制子系统对账不符情况说明表。

2. 固定资产会计应填制的报表

固定资产会计应填制的报表有：固定资产账实对应表、固定资产盘点表、系统对账不符情况说明表等。

审计会计

1. 审计会计的岗位职责

审计会计的岗位职责包括：协助并组织会计核算，以保证会计核算具有真实性、及时性和完整性；协助落实及检查公司的相关制度；定期或不定期对出纳负责的现金进行盘点，以审查是否账实相符、账账相符；审查支票的使用情况，对银行存款余额调节表进行审核；管理收款收据的领取、使用和保存工作；审核其他会计岗位，制作会计凭证；完成月度报表的收集和生成；完成公司纳税报表的填制工作。

2. 审计会计应填制的报表

审计会计应填制的报表有：收款收据领用登记表、月度相关报表等。

会计如何进行自我升值

我们每一个人都会对自己的职业生涯进行规划，会计也不例外。尽管会计这个行业具有独特性，但其职业生涯也是有一定规律可循的。在与很多不同的会计人才交流的过程中，我们也发现了其中的一些规律，在这里称其为会计人员职业生涯的三个阶段。

从新手会计到职业会计——前五年

对刚刚从事会计工作的新手来说，会计工作是既新鲜又陌生的，但在踏入这个门槛之前所拥有的美好憧憬可能会落空。因为，在成为一个真正的职业会计之前，既需要对自身进行更全面的打造，也需要重新认识社会和自己的职业。

前五年是非常重要的时期，既应踏踏实实做好基础工作，也应了解和熟悉社会。往往那些具有平和的心态、务实的工作态度以及良好习惯的人更容易做好这个阶段的工作。如果所在企业能够为你提供一个良好的成长环境，并充满了积极、合作和上进的氛围，你就会迅速成长，进而养成一个积极向上的心态。

很多人最初是从出纳做起的，出纳主要负责管理货币资金和票据以及填制和审核原始凭证等工作，这些都是最基础的工作。

随后，就会从刚开始的基础工作调整到会计核算和会计监督的岗位上，此时，需要对人脉关系以及团队协作等方面做出更深刻的理解。此外，还应全面、扎实地做好自己的本职工作，认真研究企业运行的特点，在平时也应养成良好的学习、工作和生活习惯，并逐渐学会有效的沟通和培养自己的人脉意识，这些都是实现从新手会计向职业会计转变的重要条件。

从职业会计到财务经理——中间五年

当前面的五年过去之后，很多人对财务工作已经基本熟悉了，而且会计的基本职业素养也已经养成，此时就会面临从普通职业会计到管理者，也就是财务经理的角色转变。

财务经理与普通会计相比，其对专业性的要求会更强。很多会计师事务所都急需这样的人才。因为财务经理不但要有丰富的专业知识，而且还要懂得代理记账，熟悉企业全面的经营管理工作，并能够积极介入企业的各项决策中，这样的角色转变，会让很多习惯于传统会计角色的财务人员难以适应。

因此，做一个现代的财务经理必须具有良好的财务管理能力、沟通能力、领导能力、财务决策能力、协作能力、时间管理能力、创新能力、学习总结能力等。此外，财务经理还应站在一个管理者的角度上去看财务，因为角度不同，其侧重点也会不同。

综上所述，财务经理就是要在自身不断学习的基础上，及时总结成功的经验以及失败的教训，在不断学习总结的基础上发现、改进工作，进而不断提升自己的综合素质。

从财务经理到财务总监——第三个五年

财务总监往往是从事财务工作的人员在其职业生涯上成功的一个象征，因为这不但意味着高职位、高待遇，而且还是人才市场上的稀缺品。财务总监也是很多财务人员的最终职业发展目标。

作为一个财务总监，需要全面管理企业的财务工作，为企业的发展和壮大提供理性的决策依据，并对企业的财务工作承担主要的责任。

一般来说，财务总监必须擅长下列管理能力：财务组织建设能力、企业内控建设能力、税务筹划能力、财务预算能力、成本费用控制能力、分析能力、筹措资金能力、投资分析决策和管理能力、财务外事能力、财务预警能力和社会资源能力等。这是因为，一个企业的财务总监所扮演的，不仅是财务负责人的角色，而且还是企业决策者的角色。

每一个想要从事会计工作的人员，都应制定好适合自己发展的职业规划与奋斗目标，通过坚持不懈的努力，每个人都会经历从平凡到优秀，最后再到卓越的过程！

第二章

深入学习——会计要素及复式记账法

会计要素是针对会计对象而做出的基本分类，它既是会计核算对象的具体化，也是用来反映会计主体的财务状况与企业经营成果的基本单位。而复式记账是相对单式记账来说的，它的记账方法非常科学，要求对企业发生的每一项经济业务，都以相等的金额记录在两个或者两个以上的账户中，这样便可完整地反映企业经济业务的全貌。

会计的六个要素

在我们常见的会计报表中，会计要素是其组成的基本单位，包括资产、负债、所有者权益、收入、费用和利润。其中资产、负债和所有者权益，是与资产负债表中财务状况的确认直接联系的，可静态反映企业的财务状况；而收入、费用和利润是与利润表中的经营业绩的确认计量相联系的，也是企业经营成果的动态反映。

要素一：资产

资产的概念比较好理解，也是随处可见的，例如房屋、机器设备、运输工具、仓库里的货物等。但作为一项重要的会计要素，资产是指企业过去发生的交易或事项形成的，由企业拥有或控制的，并且预期会为企业带来经济利益的资源。

我们根据资产的定义，可以总结出资产的以下特征：资产是企业所拥有或控制的资源；资产预期能够为企业带来一定的经济利益；资产可以用货币具体量化。值得注意的是，在会计中入账的资产必须是可靠计量（指如实反映其真实信息）的。

资产按其流动性可分为流动资产及非流动资产，流动资产包括货币资产、存货、应收账款等，而非流动资产包括长期投资和房屋设备等。通常划分流动资产和非流动资产时以一年为标准。

根据经济周转特性的不同，资产又可分为流动资产、长期投资、固定资产、无形资产和递延资产等；此外，根据特殊目标的不同情况，资产又可以被划分为非金融资产与金融资产、货币性资产与非货币性资产等类别。

要素二：负债

负债就是企业的债务，是指在过去的交易、事项形成之后的现时义务，履行该义务预期会导致经济利益流出企业。负债一般按照其偿还速度或者偿还时间的长短可划分为流动负债和长期负债。

（1）流动负债指的是在1年以内（含1年）或者一个营业周期内应偿还的债务，一般包括短期借款、应付账款、应付票据、应付工资、应交税金、应付利润、预收货款、其他应付款、预提费用等。

（2）长期负债指的是偿还期在1年以上（不含1年）或者一个营业周期以上应偿还的债务，一般包括长期借款、应付债券、长期应付款等。

要素三：所有者权益

所有者权益也被称作净资产，是指企业所有者（股东）享有的企业总资产减去总负债之后的剩余权益。在我国，通常会把所有者权益分为资本和留存收益，而资本包括实收资本和资本公积，而留存收益则包括盈余公积和未分配利润。

所有者权益会受到总资产与总负债变动的影响，从而发生一些增减变动。所有者权益既包含所有者按照其出资额的比例来分享企业的利润，同时他们也会承担企业经营所带来的风险。此外，所有者权益还包含所有者拥有法定的管理企业者以及委托他人管理企业的权利。通常来说，负债与所有者权益构成了企业资本的来源。

要素四：收入

收入指的是企业在日常活动中形成的，会导致所有者权益增加的以及与所有者投入资本无关的经济利益的总流入。所以，收入就是通过会计活动而带来的结果。

收入的来源主要包括下面两种。

（1）主营业务收入，包括销售商品、半成品销售以及提供劳务等取得的收入。

（2）其他业务收入，是企业除主要经营活动以外的业务所带来的收入，包括商品出租、固定资产出租及无形资产出租等取得的收入。

要素五：费用

费用是指为了取得收入而发生的各种耗费。俗话说，有投入才会有产出。如果企业要销售产品，首先就要先生产出来产品，为此必然会消耗各种材料。生产车间为了组织管理生产，也需要消耗各项制造费用；行政管理部门需要支付各种管理的费用；销售部门为了销售产品要支付销售的费用；筹集生产经营资金需要支付财务的费用；此外，还会发生同生产经营没有直接关系的营业外支出；而企业应该缴纳的所得税也是一项必须要支出的费用。各种费用非常繁杂，往往令人应接不暇。

费用作为一项会计要素，既可以看成是收入的减项，也可以当作被消耗掉或是转移出去的资产。它具备以下几个特征：费用是企业在日常的经营活动中不断形成的；费用会导致所有者权益减少；费用是同所有者分配利润无关的经济利益的总流出。

要素六：利润

利润指的是企业在一定的会计期间取得的经营成果，为营业利润、公允价值变动净收益、投资收益和营业外收支净额四个项目的总额，再减去所得税费用之后的余额。如果企业在一定的会计期间实现了利润，就表明企业的所有者权益将会增加，业绩也得到了提升；反之，如果企业在一定的会计期间发生了亏损（即利润为负数），就表明企业的所有者权益将会减少，业绩也出现了下滑。

从数值上看，利润就是收入（包括利得）减去费用（包括损失）以后的净额。收入减去费用之后的净额，反映的是企业日常经营活动的业绩。

会计恒等式

会计恒等式也被称为会计平衡公式或者会计方程式，它是由各个会计要素之间的相互关系形成的等式。它既是各个会计要素之间内在经济关系的概括表述，也是应用复式记账、试算平衡以及编制会计报表的理论依据。通常在不同的会计期间，会计恒等式的表示方法也不相同。

静态的会计等式

企业为了展开生产经营活动，必须拥有一定量的资产。而这些资产为投资人或债权人所提供，因此投资人和债权人对企业的资产都有“要求权”。这种“要求权”就称为“权益”。

资产和权益是同一事物（经济资源）的两个侧面，它们相互依存，而且金额相等。这种既客观存在又必然相等的关系，就被称为会计等式。

用公式表示如下。

资产=权益

权益=债权人权益（负债）+所有者权益

资产=负债+所有者权益

这个会计等式是一个静态等式，反映出企业在某个期间，资产、负债和所有者权益这三者之间存在的恒等关系。

动态的会计等式

企业资产在投入运营以后，随着经济活动的不断进行，企业一方面能够取得一些收入；而另一方面，企业也会产生各种各样的费用。

由于开办企业肯定是为了盈利，但前面的静态会计等式并不能反映企业在经营的过程中，是处于盈利还是亏损的状态，因此，我们给出下列等式，以便充分反映企业目前的盈利状况。

利润（或亏损）=收入-费用

这就是说，得到的减去付出的就等于盈利（或亏损）。所有企业的最终目标就是为了赚钱，只有取得的收入能够抵消为这笔收入而花费的费用之后仍然有剩余，企业才能算作是盈利。

我们之所以把这个等式称为动态指标，是因为利用它可以从企业不同阶段出现的利润变化中，分析出企业具体的盈利状况。这个动态的会计等式，通常也是编制“利润表”的主要依据。

动静结合的会计等式

通过静态会计等式，我们只能看出企业资金运动的静态状况，也就是某一个时间点的状况；而动态的会计等式，只能反映企业资金运动的动态状况，也就是赚了多少钱，却无法反映企业的规模。

我们再进一步思考就会发现，资产运行之后就会取得收入，同时也会产生费用，而利润的增加一方面增加了所有者权益，另一方面也增加了企业资产以及减少了企业的负债。即：

资产=负债+（所有者权益+利润）

=负债+（所有者权益+收入-费用）

这个公式反映出会计主体的财务状况同经营成果之间的相互关系，从而揭示了企业资金运动的内在规律，并构成了资产负债表与利润表之间的联系纽带。

此外，在一个会计期末时，企业会把收入和费用进行配比，并计算出利润，然后再按照之前规定的程序进行分配，一部分按照具体的投资比例分配给投资者，这使得企业的资产出现减少或者引起负债的增加；而另一部分则会形成企业的盈余公积以及未分配利润，并归入所有者权益中。就这样，在会计期末结账以后的会计等式又会恢复到会计期初的形式，即：

资产=负债+所有者权益

会计等式的重要意义

会计等式是现代会计学的基石，也是我们之后掌握借贷复式记账法的起点，并为会计试算平衡奠定了坚实的基础，也为编制资产负债表提供了理论依据。

会计等式的意义具体表现在以下几个方面。

（1）会计等式明确了企业的产权关系，这有助于保护债权人与投资人的合法权益。

（2）会计等式全面反映了企业资产及负债的状况，这有利于进行资产与负债的比例管理。

（3）在会计的具体财务操作中，会计等式是设置会计科目与账户时，进行分类、借贷记账以及编制各种会计报表的主要依据。

会计科目

为了全面、系统、连续地核算及监督由经济活动而引起的各项会计要素出现的增减变化，就非常有必要对各项会计要素的具体内容，按其不同特点及经济管理的要求进行科学的分类，并按照事先已经确定好的分类核算的项目名称，规定其核算的内容。这种分类核算的项目被称为会计科目。

会计科目的设置意义

设置会计科目，可以将各项会计要素的增减变化进行分门别类地归集、整理，使之变得一目了然，这就大大方便了企业内部的经营管理，以及向相关方面（包括投资者、债权人、企业经营管理者等）提供一系列具体的分类核算的指标，并满足统一制定的要求。

具体来说，设置会计科目有以下意义。

（1）会计科目是进行复式记账的基础。

（2）会计科目可作为编制记账凭证的基础。

（3）会计科目为成本核算以及财产清查提供了前提条件。

（4）会计科目给编制会计报表提供了极大的便利。

会计科目的设置原则

由于各个单位经济业务活动的具体内容、规模大小以及业务繁简的程度等的不同，在设置会计科目的时候，必须要考虑其自身的特点，但也应尽量做到科学、合理、适用，具体应遵循下列原则。

（1）全面性原则。会计科目是对会计要素的具体内容进行分类核算，因此对各会计要素须全面反映，并形成一个非常完整的体系。

（2）合法性原则。设置的会计科目必须符合国家统一的会计制度的规定。另外，企业在不影响统一会计核算的要求以及对外提供统一的财务报表的前提下，可以按照其自身生产经营的特点，进行自行增设、减少或合并一些会计科目。

（3）相关性原则。企业设置的会计科目，应当给有关各方所需要的会计信息提供服务，并满足对外报告以及对内管理的要求。此外，设置的会计科目还必须与财务报告的编制相协调、关联。

（4）清晰性原则。在设置会计科目时，力求简单、明确、通俗易懂。

（5）简要、实用原则。在保证合法性的基础上，企业应当按其组织形式、所处行业、经营内容、业务种类等特点，设置符合企业自身需要的会计科目。另外，还要突出重点，对一些不重要的信息进行合并或删减，使读者一目了然。

会计科目的分类

为了明确各个会计科目之间的相互关系，充分理解、领会会计科目的性质及作用，更科学、规范地设置会计科目，以便进行会计核算以及会计监督，我们有必要对会计科目按照一定的标准进行分类。

1. 按照归属的会计要素分类

（1）资产类科目。按照资产的流动性，会计科目可分为反映流动资产的科目与反映非流动资产的科目。

（2）负债类科目。按照负债的偿还期限，会计科目可分为反映流动负债的科目与反映长期负债的科目。

（3）共同类科目。共同类科目的特点，需要按照其期末余额所在的方向来界定其性质。

（4）所有者权益类科目。按照所有者权益的形成和性质，会计科目可分为反映资本的科目与反映留存收益的科目。

（5）成本类科目。其包括生产成本、劳务成本、制造费用等科目。

（6）损益类科目。通常可分为收入性科目与费用支出性科目。收入性科目包括主营业务收入、投资收益、营业外收入、其他业务收入等科目；而费用支出性科目包括销售费用、管理费用、财务费用、所得税费用、主营业务成本、其他业务成本、营业税金及附加、其他业务支出等科目。

2. 按照核算信息的详略程度分类

为了使企业所提供的会计信息，能够更好地满足各会计信息使用者的不同要求，就必须对会计科目，按照其核算信息的详略程度进行级次划分。在通常情况下，可以把会计科目分为总分类科目与明细分类科目。

总分类科目又被称为一级科目或总账科目，它是对会计要素具体内容所做出的总括分类，能提供总括性的核算指标，比如固定资产、原材料、应付账款、应收账款等。

明细分类科目也被称为二级科目或明细科目，它是对总分类科目所含内容更加详细的分类，能够提供出更为详细、具体的核算指标，比如在“应收账款”总分类科目下，可按照具体单位名称分设的明细科目，具体反映应该向该单位收取的货款金额。此外，还能在二级科目下继续分设三级科目、四级科目等进行会计核算，但每向下设置一级，都是对上一级科目的进一步分类。

我国的《企业会计准则》中规定，总分类科目必须由财政部统一制定，而明细分类科目除了会计准则规定设置的以外，可以按照本单位经济管理的需要以及经济业务的具体内容，进行自行增设、删减或合并某些会计科目，以满足自身会计科目的要求。

3. 按照经济用途分类

经济用途是指会计科目能够提供哪些具体的经济指标，比如可以分为盘存类科目、跨期摊配类科目、资本类科目、调整类科目、集合分配类科目、成本计算类科目、结算类科目、损益计算类科目以及财务成果类科目等。这种分类方法遵循了会计要素的基本特征，可以把各项会计要素的增减变化进行分门别类的归纳，清晰地反映了企业的财务状况与经营成果。

复式记账法

复式记账法是相对于单式记账法而言的，是指以资产和权益平衡关系作为记账的基础，对发生的每一项经济业务，都必须在两个或两个以上的账户中互相联系且进行登记（即双重记录，也是“复式”的由来），并能系统地反映资金运动变化结果的一种记账方法。

复式记账法的形成思路

由于任何一项经济业务的发生，都必然会出现资金来方的会计要素，同与之相关联的资金去方的会计要素产生变化，因此我们就能够针对同时受到影响的多个方面的会计要素，设置相对应的多个相互关联的会计账户。

另外，因经济业务对上述相互关联的两个方面的会计账户，其影响的数额是完全相同的。所以我们就可以在这些已设置的会计账户中的两个方面，用相同的金额进行记录。经过实践证明，这种复式记账法不但切实可行，而且效果极佳。

一方面，复式记账法比单式记账法更能完整地体现经济业务的全貌。因为它能够把所有的经济业务活动全面地记入相关的账户中，从而使这些账户能够全面、系统地核算和监督经济活动的过程与结果，也能够为我们提供经营管理所需要的数据及信息。

另一方面，复式记账必须对每一项经济业务都用相等的金额，并在这两个方面的账户中进行登记，从而在它们之间形成了数字上相对应的平衡关系，如果一方的记账发生了错误，这种平衡立刻就被打破，所以我们可以通过试算平衡的方法，检验账户记录的正确性，这是单式记账法所不具备的一种优势。

复式记账法的基本原理

复式记账法是社会发展的一种必然的经济现象，同时也将资金运动的规律具体化。复式记账法的基本原理是会计恒等式，也就是“资产＝负债+所有者权益”这个等式所反映出的资金平衡关系。

复式记账法的经济内容是会计要素，它们之间既互相联系又互相依存，且各自都具有其独立的含义，还以不同的形式相互存在。而企业之间所发生的经济业务，都能引起每一个具体形式的价值数量变化，因此必须要设置相应的账户进行登记，这就使得复式记账可以组成一个完整且系统的记账组织体系。

这样的记账组织体系，不但可以反映出资产、负债与所有者权益的增减变化以及结存的情况，而且还可以帮我们确认收入、费用和利润的数额及其形成的原因。这也是复式记账法可以更加全面地核算和监督企业具体的经济活动的根本原因。

复式记账法的账户结构

根据复式记账法的原理得知，买卖双方的每笔经济业务都会以相等的金额，在两个或者两个以上的对应账户中进行登记，一方面需登记其来源，而另一方面则登记其去向。因此在每笔经济业务入账以后，都能够保持“资产＝权益”。此外，资金运动中的任何时点，即资金去向和资金来源，也必须是同一资金的两个方面，两者要保持对立和统一。

对资产和权益（负债和所有者权益）类账户而言，它们的结构是截然相反的，资产类账户在借方通常表示增加，而在贷方表示减少，期初及期末的余额都是在借方；而权益类账户的贷方通常表示增加，而借方则表示减少，期初与期末的余额都是在贷方。

综上所述，复式记账法是非常科学的一种记账方法，已经被广泛地应用在世界范围内，但每个国家在应用时的具体做法却不尽相同，从而形成了很多不同类型的复式记账法。在我国，通常使用的复式记账法主要有借贷记账法、增减记账法和收付记账法。目前，在国际上普遍采用了借贷记账法，而我国的《企业会计准则》也规定使用借贷记账法。

借贷记账法

借贷记账法最早起源于13—14世纪的意大利，它是以“借”和“贷”作为记账符号，以“资产＝负债+所有者权益”这个会计等式作为其理论依据，以“有借必有贷，借贷必相等”作为记账规则，是一种非常科学的复式记账法，同时也是我国法律规定使用的记账方法。

借贷记账法的基本内容

借贷记账法的基本内容，包括记账符号、账户结构、记账规则和试算平衡方法。

（1）记账符号为“借”和“贷”。

（2）账户结构是把所有账户的左方定为“借”方，右方定为“贷”方，且其中一方来登记增加数，另一方登记减少数。在这其中，资产类、成本类及损益支出类的账户须用借方登记增加数，用贷方登记减少数，期末余额登记在借方；而负债类、所有者权益类及损益收入类的账户须用贷方登记增加数，用借方登记减少数，期末余额登记在贷方。

（3）记账规则是“有借必有贷，借贷必相等”。

（4）试算平衡方法。在应用借贷记账法时，进行试算平衡的方法要通过编制总分类账户余额试算平衡表，或者通过总分类账户本期发生额试算平衡表实现。也就是说，要通过“期末余额＝期初余额+本期增加发生额−本期减少发生额”这个等式实现。

对于资产类账户，等式为："期末借方余额=期初借方余额+本期借方发生额-本期贷方发生额"。而对于负债、所有者权益类账户，等式为："期末贷方余额=期初贷方余额+本期贷方发生额-本期借方发生额"。

借贷记账法的记账规则

借贷记账法下的记账规则是基础会计学习的入门规律，是初学者最需要深刻理解和记忆的基本知识点之一，而通常会计学的最基础课程也始于"借方"与"贷方"。借方通常在账簿的左侧，而贷方则在账簿的右侧。我们要始终牢记一条不变的定律："有借必有贷，借贷必相等"（即"借方=贷方"）。换句话说，当发生任何交易时，都必须要同时登记在账簿的左右两侧，其原则如下。

（1）所记录的账户既可以是同类的账户，也可以是不同类的账户，但必须在两个方向记账，也就是说既不能都记入到借方，也不能都记入到贷方。

（2）当资产增加时，应记入左侧；当资产减少时，须记入右侧。

（3）当负债增加时，要记入右侧；而当负债减少时，要记入左侧。

借贷记账法的基本结构

对于借贷记账法的基本结构，我们可以这样理解：在账户的借方需要记录经济业务，也可称为"借记某账户"；如果在账户的贷方记录经济业务，则可称为"贷记某账户"。而通常在会计实务上，也是以"借"表示资产的增加与负债及所有者权益的减少；以"贷"表示负债与所有者权益的增加及资产的减少。

具体来说，当资产增加时要记在资产类的有关账户的借方，而在资产减少时要记在资产类的有关账户的贷方；负债和所有者权益的增加要记在其相关账户的贷方，负债和所有者权益的减少要记在其相关账户的借方。账户在借方有余额时应表示为资产的余额，当账户的贷方有余额时要表示为负债和所有者权益的余额。

通常情况下，资产类的账户大都为借方余额，负债和所有者权益为贷方余额，但其结构是完全不同的。下面，我们列举一些不同情形下借贷记账法的计入情况。

（1）资金流入企业的业务，也就是资产、负债、所有者权益同时增加。此时资产增加应记入到有关账户的"借方"，负债及所有者权益增加要记入到有关账户的“贷方”。

（2）资金在企业内部流动时产生的业务，也就是资产、收入和费用之间或者资产要素内部的增减。此时资产和费用的增加及收入减少应记入到相关账户的“借方”，而收入增加及资产与费用的减少要记入到相关账户的“贷方”。

（3）权益转化的业务，也就是负债、所有者权益及利润这三者之间或者一个要素的内部有增有减。此时负债、所有者权益及利润增加应记入到相关账户的“贷方”，减少则应记入到相关账户的“借方”。

（4）资金退出企业的业务，也就是资产、负债、所有者权益同时减少。此时资产减少应记入到有关账户的“贷方”，负债和所有者权益减少则要记入到有关账户的“借方”。

借贷记账法中的试算平衡

我们通过试算平衡，不但能够检查会计记录的正确与否，而且可以查找出现不正确会计记录的原因，并进行适当的调整，从而为编制会计报表提供非常准确的资料。目前，在借贷记账法下，试算平衡的方法主要有本期发生额平衡法及余额平衡法。

（1）本期发生额平衡法。它是指将所有账户的本期借方发生额与本期贷方发生额分别相加，然后再利用“有借必有贷，借贷必相等”的记账规则，来检验本期发生额账户是否处理正确的方法，其试算平衡公式为：

全部账户本期借方发生额合计=全部账户本期贷方发生额合计

（2）余额平衡法。它是指将会计期末账户余额在借方的全部数额与在贷方的全部数额分别相加，然后再利用“资产＝负债+所有者权益”的平衡原理，检验会计是否处理正确的方法，其试算平衡公式为：

全部账户的借方期末余额=全部账户的贷方期末余额

如果试算不平衡，就可以表明账户的记录一定是出现了错误；但如果试算是平衡的，则也只能说明账户的记录为基本正确，但却不一定完全正确。这是由于一些错误并不影响借贷双方之间的平衡，比如某些经济业务出现了重记、漏记或记错了账户等错误，就不能完全通过试算平衡发现。尽管如此，试算平衡仍然是检查账户记录正确与否的有效方法。

如何理解借与贷

借贷记账法是一种使用非常简便、记录清晰且明了的优秀复式记账法，但新手会经常对“借”“贷”这两个字分不清楚。比如在做会计分录时，就不知道在具体的会计业务中，哪些应该记录在借方，哪些应该记录在贷方。因此，我们需要更深入地理解借贷记账法。

借贷记账法的含义

借贷记账法虽然以“借”“贷”这两个字作为记账符号，但并不是“纯粹的”“抽象的”记账符号，而是具有一定深刻经济内涵的科学记账符号。简单地从“借”和“贷”的字面含义上看，它们的确是历史遗留下来的产物，其最初含义肯定与债权和债务有关。

但随着商品经济不断发展，借贷记账法已经得到了越来越广泛的应用，其记账对象早就不再局限于债权和债务关系了，而是已经扩大到需要记录财产物资的增减变化以及计算经营的损益了。并且借贷记账法表示出来的内容，应该还包括所有经济活动资金运动变化的来龙去脉，因此它们已经失去了最初字面上的含义，并进一步升华，还拥有了新的经济含义。

首先，借贷记账法代表账户中两个固定的部位。也就是说所有的账户都需要设置两个部位，具体记录某一经济事项在数量上出现的增减变化（即来龙去脉），而账户的左方一律被称为“借方”，账户的右方则一律被称为“贷方”。

其次，借贷记账法还有非常确切而深刻的经济意义。比如“贷”字，表示资金运动的“起点”（即出发点），也就是表示会计主体所拥有的资金（通常指某一具体财产物资的货币表现）的“来龙”（即资金是从哪里来的）；而“借”字，则表示资金运动的“驻点”（就是短暂的停留点，因为在理论上资金运动没有终点），即表示会计主体所拥有的资金的“去脉”（指资金的具体用途、去向或者存在形态）。这是由资金运动所具有的内在本质而决定的。会计这个领域，既然能够全面反映和揭示会计主体的资金运动，就要在记账方法上体现出资金运动的本质要求。

比如，发生坏账就是“借”，须做坏账准备；而应收账款就是“贷”；收到票据也是“借”，须做应收票据；而主营业务收入即为“贷”，需要交税金了。

借贷记账法的优点

借贷记账法的优点主要体现在以下几点。

（1）借贷记账法科学地运用“借”和“贷”这两个记账符号，可以充分体现资金运动的来龙去脉，并建立了其对立统一的关系，使记账体系变得科学、严谨。

（2）借贷记账法的记账原则是“有借必有贷，借贷必相等”，应用起来非常方便。因此在编制每笔会计分录的时候，都可以清晰地看出账户之间的相互对应关系，这便于我们及时检查会计记录的正确性，从而为进一步的会计处理工作打下了很好的基础。

（3）因为在每笔会计分录中必须保持借贷平衡，这为日常的会计处理自检以及期末的试算平衡提供了极大的便利。

另外，对初学者而言，学习借贷记账法的难点在于，“借”和“贷”不能单一地表示账户内容的增加及减少。但这个难点其实也很容易被克服，只要我们能够熟记“借”和“贷”所表示的增减含义，然后再进行一些适量的、有针对性的练习，就完全可以熟练掌握。

此外，我们还要非常明确，在应用借贷记账法时，“借”和“贷”这两个记账的符号，全都被赋予了增加及减少的双重含义，这样才使得借贷记账法能够具有以上的优点，并进而成为目前全世界最科学的一种复式记账方法。

借与贷的形式

通常借与贷的对应关系有两种，即单一型和复合型。单一型也就是“一借一贷”，在这种方式中，借方有一个会计科目而贷方也只有一个会计科目。复合型通常有“一借多贷”“多借一贷”和“多借多贷”。

具体来说，“一借多贷”是指借方的一个会计科目，对应（即金额的对应相等）贷方的多个会计科目；“多借一贷”是指借方的多个会计科目，对应贷方的一个会计科目；而“多借多贷”是指借方的多个会计科目，也对应贷方的多个会计科目，这通常在一笔经济交易或者事项客观存在非常复杂的关系时才会使用。

第三章

跃跃欲试——新手会计如何建账

无论企业是大是小，在最初成立时，都会面临建账的问题。建账是企业进行会计核算工作的基本方法，也是对会计信息进行加工处理的重要环节，而且通过账簿还能随时了解企业的财务状况以及经营成果。财务人员应按照企业的规模及所属行业，根据《企业会计准则》《小企业会计准则》的相关规定，建立适合企业管理需要并便于提取其会计信息的会计账簿。

企业建账的相关事项

建账就是企业根据日常发生的业务状况和会计处理程序登记账簿。在企业成立初期，肯定会面临建账的问题。这看似简单，但实际上可以看出一个人在建账过程中的会计业务能力，以及他对企业业务的熟悉情况。因此，建账也可以说是财务工作的开端。

建账时首先应考虑的问题

（1）是否与企业相适应。通常企业的规模同业务量是成正比的，那些规模比较大的企业，往往业务量大、分工复杂，因此需要的会计账的册数也多。而企业的规模小，业务量也小，甚至一个会计就能处理所有的经济业务，因此在设置账簿时根本就没有必要设置太多的账目，所有的明细账往往合成1～2本就可以了。

（2）是否按照企业管理的需要。企业建立账簿肯定是为了满足管理的需要，给管理者提供一些有用的会计信息。因此，在建账时必须以满足管理需要作为前提，避免进行重复设账、记账。

（3）是否依据账务处理程序。由于企业业务量的大小不同，因而采用的账务处理程序也会不同。而企业一旦选择了账务处理程序，这也就是选择了具体账簿的设置。例如，企业选择了记账凭证账务处理程序，那么企业的总账也必须根据记账凭证时序进行登记，这就需要准备一本序时登记的总账。

认识账户

账户是根据企业的会计科目而设置的，具有一定的格式与结构，它是会计科目的载体和具体应用。账户通常用于分类反映会计的各个要素的增减变动情况以及结果。

账户的基本结构，一般包括账户的名称、所依据记账凭证编号、记录经济业务的日期、增减金额、余额、经济业务摘要等。

账户的书面格式，也是会计账户的正规格式，如表3-1所示。

表3-1 会计账户的正规格式

年		凭证编号	摘要	借方	贷方	借或贷	余额
月	日						

此外，账户的简单格式还有草稿“T”型账户。账户通常分为左方、右方两个方向，一方用来登记增加，而另一方用来登记减少。但具体是哪一方用来登记增加或减少，则取决于账户所具有的性质与类型。如图3-1所示。

图3-1 草稿“T”型账户

这种草稿“T”型账户，通常用于试算平衡的手工草稿计算。

账户的四个金额要素

在前面列举的正规格式中，借方和贷方的金额栏，是用来记录增加和减少的。而两者增减之后的差额，就叫账户余额。余额是一个静态指标，说明某类经济内容在某一时日增减变动的结果，余额按照其表现时间的不同，可分为期初余额和期末余额。本期的期末余额转入到下期，就是下期的期初余额。

本期发生额是一个动态指标，可明确说明某类经济内容的增减及变动的情况。它包括本期增加发生额与本期减少发生额。另外，登记本期增加的金额，也称为本期增加发生额；而登记本期减少的金额，则称为本期减少发生额。

期初余额、期末余额、本期增加发生额和本期减少发生额，是记录账户的四个金额要素，它们之间的基本关系为：

期末余额=期初余额+本期增加发生额-本期减少发生额

账户与会计科目的联系和区别

账户是会计的主要核算方法，也是根据会计科目开设的。因此账户与会计科目之间的联系非常密切。

首先，会计科目和账户都是针对会计对象具体内容的科学分类，两者的性质相同。会计科目的性质也决定了账户具有的性质，账户的分类同会计科目分类的内容也是一致的。

其次，会计科目既是账户的名称，也是设置账户的依据；而反过来说，账户是会计科目具体运用的结果。

最后，如果没有会计科目，账户就失去了其设置的依据；而如果没有账户，也就不能充分发挥会计科目的作用。

但账户与会计科目也是有区别的，那就是会计科目只是账户的名称，不存在结构。但账户却有一定的格式与结构，可用来连续、系统、全面地记录和反映企业某种经济业务的增减变化及结果。

建账的基本程序

建账是一个企业正常财务管理的开端，但这项工作往往不是一朝一夕就能完成的。因此，在准备开始建账之前，需要一个比较长的时间收集资料以及熟悉企业的基本情况、发展状况等。这需要财务人员的耐心和细心，切不可一蹴而就。

建账时需要做哪些准备

通常企业在建账以前，需要财务人员进行一系列的准备工作，具体包括以下内容。

（1）要分析企业的账务需求。财务人员根据收集的企业的原始凭证等资料，分析具体的账务状况，然后再根据企业业务的多少来建立详细的成本明细账目。如果是软件类的企业，就可以把生产、库存等科目进行简化、合并，但企业的无形资产则需要设专门账目进行记录；如果是生产型的企业，就要对原材料、生产成本等科目格外重视。

（2）对企业的相关资产进行盘点。财务人员还需要对企业目前拥有的各项资产进行仔细的盘点。企业的资产一般包括现金、固定资产、办公用品、原材料、存货等。另外，对企业的债权债务以及股东的投入资金等也需要进行确认。我们只有统计好这些项目，才能明确期初余额。

（3）建立适合的会计科目表。在完成上述的准备工作之后，就可以建立企业的会计科目表了。而对一些比较特殊的企业来说，那些比较标准的会计科目表不一定全都能够使用上，比如软件类等非生产性的公司，就不需要我们细分制造费用、生产成本等科目，只需统一使用管理费用即可。

建账时应取得的资料

我们在建账时，还应收集企业经济业务的相关凭证。财务人员要把企业在未建账时的相关原始凭证等资料全部收集起来备用。

具体来说，这些资料主要包括企业章程、企业法人营业执照、国税和地税税务登记证、验资报告等。尤其是企业的验资报告，其主要用处是：能够佐证企业的注册资本金额，以便于确定账务中实收资本金额；此外，还可以反映各个股东的出资方式是货币或是实物等。

那些不能确定股东出资方式的企业是无法建账的。因此，我们在建账时要让企业主找到企业成立时的验资报告。如果发生了注册资本变动，则还要取得历次的验资报告。另外，如果出资方式是以实物出资，则还应该找到当时对出资实物的评估报告。

建账时如何选用账簿

总体来说，在建账时不同的企业所需要购置的账簿一定是不相同的，通常要根据企业的规模大小、经济业务的繁简程度、会计人员的多少、采用的核算形式以及电子化程度确定。但无论是哪一种企业，都会存在货币资金核算的问题，而现金与银行存款日记账也要设置。另外，财务人员还需设置相关的总账与明细账。

而对一个刚刚成立的企业来说，这就需要去会计商店购买这几种账簿以及相关的账页，这里还要特别说明的是，因为明细账有很多种账页格式，所以在选择时需要选择你需要的账页格式，比如三栏式、多栏式、数量金额式等，然后再根据明细账数量的多少，选择所需要的封面与装订明细账时所用的装订钉或者装订线。

另外，财务人员在建账初始，还应该购置记账凭证，如果该企业现金收付的业务非常多，选择时就需要购买收款凭证、付款凭证、转账凭证等；但如果企业的收付业务量很少，则只需购买记账凭证。如果是为了方便报表，则还要购买空白资产负债表、利润表（损益表）、现金流量表等相关会计报表。

建账的基本流程

建账的基本流程通常按照下列步骤进行。

（1）应按照企业所需的各种账簿的格式要求，准备各种账页，并把活页的账页用账夹装订成册。

（2）在选用账簿的“启用表”上，写明单位名称、账簿名称、册数、编号、起止页数、启用日期、记账人员以及会计主管人员的姓名，并且加盖名章与单位的公章。如果出现记账人员或者会计主管人员在本年度调动工作，就必须要注明交接日期、接办人员及监交人员的姓名，并且还要由交接双方签名或盖章，以明确具体的经济责任。

（3）按照事先做好的会计科目表的顺序和名称，在总账账页上建立一个总账账户；然后再根据总账账户明细核算的具体要求，在各个所属明细账户上继续建立二、三级明细账户。另外，原有单位在年度开始建立各级账户的同时，还要把上一年的账户余额结转过来。

（4）启用订本式账簿，需要从第一页开始直到最后一页为止，按照顺序编定号码，不能出现跳页、缺号的现象；在使用活页式账簿时，也要按照账户的顺序编本户页次号码。等到各账户编列号码完成之后，就要填“账户目录”了，然后再把账户名称、页次登入目录内，并粘贴索引纸（账户标签），写明账户名称，以方便检索。

总账建账原则

无论企业的规模是大还是小，也无论企业会计的水平是高还是低，我们对会计信息的统计和加工，通常都来源于总分类账、明细分类账、现金日记账和银行存款日记账这4本账的汇集。而总分类账通常作为一级账目，总领并统御明细类账目。

总账概述

总账，也被称为“总分类账”，它是根据会计科目（也称总账科目）而开设的账簿，并用于分类登记一个单位的全部经济业务，及提供资产、负债、所有者权益、费用、收入和利润等总括核算的资料。

总账所提供的核算资料，是编制会计报表的主要依据，也是任何单位都必须设置的账目。通常企业只设一本订本账形式的总账。此外，《会计基础工作规范》中对总账的具体形式，并未做出统一的规定，各单位可根据账务处理程序的需要设置总账。

在《企业会计准则——应用指南》的附录中，共有6类156个一级会计科目，这同之前的《企业会计制度》中的5类会计科目相比，多了“共同类”的会计科目，但一般的企业往往不会涉及。因此在建立总账时，企业可以参照以上6类标准科目，在不违反《企业会计准则》确认、计量及报告规定的前提下，自行设置符合企业自身特点的总账科目。

总账的建账原则

总账科目的名称，要与国家统一会计制度中规定的会计科目的名称保持一致。总账具有分类汇总记录的特点，所以为了确保账簿记录的正确性和完整性，并能够提供会计要素的完整指标，企业应该根据自身行业的特点以及经济业务的具体内容建立总账。

依据企业账务处理程序的需要，选择总账格式。按照财政部《会计基础工作规范》的规定，总账通常有三栏式、多栏式（日记总账）、棋盘式和科目汇总表总账等格式，企业可以根据本企业会计账务处理程序的需要自行选择总账格式。

为了保护总账记录的安全和完整，总账大多采用订本式，但科目汇总表总账可以是活页式。而实行会计电算化的企业，使用计算机打印出来的总账必须要连续编号，经审核无误后方可装订成册，并由记账人、会计机构负责人、会计主管人员等签字或盖章后保管，并防止丢失。

总账的具体设置

（1）三栏式。当企业使用借贷记账法时，可采用按照借方、贷方和余额设栏的总账。账页的格式是在借方金额栏与贷方金额栏内，再设置一个“对方科目”栏或者不再设置“对方科目”栏。

（2）多栏式。为了适应把序时记录与总分类记录结合在一起登记的需要，也可采用多栏式的总账。这种总账也被称作日记总账。

（3）棋盘式。有些企业为了简化记账的工作，有时也可采用棋盘式总账，也就是按照总账科目的对应关系，反映本期发生额与期初、期末余额的总账。方式是纵向设置“应借科目名称”，横向依次设置“期初余额（分借、贷两栏）”“应贷科目名称”“期末余额（分借、贷两栏）”等。

（4）科目汇总表。用科目汇总表代替总账，这通常是具有期初余额、本期发生额及期末余额的科目汇总表，只有在本期发生额的科目汇总表不能用来代替总账。

编写总账目录的一些技巧

财务人员要根据具体情况确定企业有可能使用的一些会计科目，但不能完全照搬其他企业，否则就可能出现很多根本用不到的科目而造成空页码，这会妨碍翻阅。一般企业用到的会计科目，大约只有企业会计准则中科目数量的2/3。但也要有一定的前瞻性，并适当留有余地，以防止在企业出现新业务而新设一些科目时造成顺序出现错乱的情况。

此外，在确定好具体的会计科目后，应该按照企业会计准则编号的顺序，编写总账目录和总账内各科目页码。这样，当每期期末财务人员编制财务报表时，就能按照顺序进行，避免了无规律编页所造成的不必要的麻烦。这看似简单，但实际上有很多会计，特别是新手会计却并没有做到这一点。

明细账建账原则

明细账也称为明细分类账，是总账科目所属的明细科目设置，通常用来分类登记某一类经济业务，并提供有关的明细核算资料。明细账是形成会计信息的基本环节，它可以对经济业务数据做出进一步加工和整理，并通过总账形成会计报表要求提供的会计信息。

明细账的分类

明细账是按照二级科目或者明细科目而设置的账簿，通常采用活页式账簿。企业应该结合自身经济业务的特点及经营管理的要求，在总账的基础上继续设置若干明细账，以作为总账的补充。明细账按照其账页格式的不同可分为三栏式、数量金额式及多栏式。

（1）三栏式。三栏式明细账的账页设置了借方、贷方和余额这三个金额栏，但没有设置数量栏，通常适用于登记各种日记账、总账及资本、债权、债务等明细账。此外，它也适用于登记一些只需进行金额核算，而不需进行数量核算的明细核算，比如“应收账款”“应付账款”等债权、债务结算科目的明细账。

（2）数量金额式。数量金额式明细账的账页也设有借方、贷方和余额三个栏目，但其内部还分设了数量、单价和金额三个小栏，借此反映财产物资的实物数量及价值量。数量金额式适用于既需要进行金额核算，又需要进行账物数量核算的各种物资类的明细核算，比如原材料、产成品、库存商品、周转材料等科目的明细账。

（3）多栏式。这种格式的账页按照明细科目或者明细项目分设若干专栏，即可在同一账页上集中反映有关明细科目内各明细项目的金额。它通常适用于登记费用、成本、收入和成果等明细核算，比如制造费用、管理费用、营业外收入和营业外支出等科目的明细账。

明细账建账的原则

明细科目的名称，要根据统一会计制度的规定以及企业管理的需要设置。虽然会计制度对有些明细科目的名称做出了一些明确的规定，但也有些只是规定了设置的方法与原则。对于有明确规定的明细科目，企业在建账时要根据会计制度的规定设置名称，而对于那些在会计制度中没有明确规定的，还是应该按照会计制度规定的方法和原则以及企业管理的需要设置具体的明细科目。

明细账的格式通常有三栏式、数量金额式及多栏式，企业要按照财产物资管理要求选择明细账的格式。

明细账的外表形式通常采用活页式。明细账采用活页式账簿的原因，主要是使用非常便利，便于账页进行重新排列以及给记账人员分工，但缺点是活页账的账页比较容易丢失或是被随意换取。因此，财务人员在使用时要按照顺序进行编号，并注意将账页妥善保管。

明细账的登记要点

1. 明细账的登记方法

明细账通常有以下几种：一是按照原始凭证直接登记明细账；二是根据汇总原始凭证登记明细账；三是根据记账凭证登记明细账。

2. 明细账登记的频率

固定资产、债权、债务等明细账，可以每天进行逐笔登记；而库存类的明细账，比如商品、原材料、产成品收发以及收入、费用等明细账既可以逐笔登记，也可以对其定期汇总登记。

企业常用科目的明细分类账户设置以及账页格式，见表3-2。

表3-2 企业常用科目的明细分类账户设置以及账页格式

总账科目	明细分类账页格式	总账科目	明细分类账页格式
库存现金	日记账	其他应付款	三栏式
银行存款	日记账	长期借款	三栏式
其他货币资金	三栏式	实收资本	三栏式
应收票据	三栏式	资本公积	三栏式
应收账款	三栏式	盈余公积	三栏式
其他应收款	三栏式	本年利润	不设明细账
材料采购	三栏式（专用多栏式）	利润分配	三栏式
原材料	数量金额式	生产成本	专用多栏式
库存商品	数量金额式	制造费用	普通多栏式
长期待摊费用	三栏式	主营业务收入	普通多栏式
固定资产	卡片	其他业务收入	普通多栏式
累计折旧	不设明细账	营业外收入	普通多栏式
短期借款	三栏式	主营业务成本	普通多栏式
应付票据	三栏式	其他业务成本	普通多栏式
应付账款	三栏式	营业税金及附加	普通多栏式
其他应付款	三栏式	销售费用	普通多栏式
应付职工薪酬	三栏式	管理费用	普通多栏式
应交税费	应交增值税为专用多栏式；其他明细账户为三栏式	财务费用	普通多栏式
应付利息	三栏式	营业外支出	普通多栏式
应付股利	三栏式	所得税费用	不设明细账

现金日记账及银行存款日记账的建账原则

无论是哪一种企业，都会存在货币资金核算的问题。因此，库存现金日记账与银行存款日记账是必须要设置的，也都应该使用订本账。库存现金日记账要求做到日清月结，而余额也要同出纳保管的库存现金相符，并杜绝资金出现体外循环或“小金库”的现象。

现金日记账及银行存款日记账概述

日记账是根据企业经济业务发生或者完成时间的先后顺序，逐日逐笔进行登记的账簿。我们设置日记账的目的是把经济业务按照时间顺序清晰地反映在账簿的记录中。日记账还能用来核算与监督某一类型经济业务，或者全部经济业务发生及完成的情况。

另外，我们把用来记录企业全部经济业务的日记账称为普通日记账，而用来记录某一项经济业务的日记账叫作特种日记账。建立日记账时，通常要根据办理完毕的收、付款凭证，随时按照顺序进行逐笔登记，每天最少登记一次。

银行存款日记账的余额要与银行对账单相符，在月初时要编制银行存款余额调节表。现金流是一个企业的血液，也是管理者每天都必须关注的财务数据。而对企业的财务人员来说，必须每天及时更新以及核对货币资金账目，让管理者的决策做到有的放矢。

现金日记账及银行存款日记账的设置

现金日记账是专门用来记录现金收付业务的特种日记账，通常是由企业的出纳人员负责填写，以便于每日核算、监督现金与银行存款之间的收入、付出和结存的情况。现金日记账既能够用作明细账，也可用作过账媒介。如果企业的现金收付业务非常多，也可以分别设置现金收入日记账以及现金支出日记账，但只能是单栏式的日记账。

而银行存款日记账，是用于记录银行存款收付业务的特种日记账。它的设计方法和现金日记账大致相同，但必须把账簿的名称分别改为“银行存款日记账”“银行存款付出日记账”和“银行存款收入日记账”，并且要把后两种账页左上角的科目名称改成“银行存款”。

在设置银行存款日记账时，要相应增加每笔存款收支业务所采用的结算方式一栏，以便于分类提供数据以及对其进行查对和汇总。通常企业也是只设置三栏式的银行存款日记账，具体格式可参照现金日记账。

此外，当日记账用于过账媒介时，必须要设置普通日记账，用来记录全部的转账业务，并每天逐笔进行登记。普通日记账既可采用账户两栏式，也可采用金额双栏式，通常采用后者时更简单、易行。

现金日记账和银行存款日记账的建账原则

现金日记账与银行存款日记账的账页通常采用的是三栏式，即借方、贷方和余额三栏，它们分别能够反映现金或银行存款的收入、付出与结存的情况，并可在“摘要”栏的后面，再设置“对方科目”栏。

但在收、付款凭证的数量比较多时，一方面为了简化记账手续，另一方面为了通过现金日记账与银行存款日记账进行汇总并登记总账，也可以采用多栏式，也就是在收入与付出两栏中，分别根据对方的科目设置若干栏目，即在收入栏中按照贷方科目设栏目，在付出栏中按照借方科目设栏目。当采用多栏式之后，如果会计科目变得非常多，就会导致篇幅过大，这时还可以分设现金（银行存款）收入日记账和现金（银行存款）支出日记账。

现金日记账与银行存款日记账必须采用订本式账簿，不能使用银行对账单或其他方法代替日记账。这一点需要财务人员必须注意，因为现金和银行存款是企业资产中流动性最强的，为了保证账簿资料的安全和完整，由财政部下发的《会计基础工作规范》中明确规定：“现金日记账和银行存款日记账必须采用订本式账簿。不得用银行对账单或者其他方法代替日记账。”

设置“现金日记账”的注意事项

企业必须设置“现金日记账”，并按照现金业务发生变化的先后顺序逐笔按时进行登记。每日还要根据登记的“现金日记账”的结余数和实际库存数进行核对，以做到账实相符。而在每个月的月底，“现金日记账”的余额也必须和“库存现金”总账科目的余额相符。如果企业有外币现金收支的业务，则还要按照人民币现金、外币现金的币种，设置现金账户并进行明细核算。

企业还必须设置“银行存款日记账”，并按照银行存款收付业务发生变化的先后顺序逐笔按时进行登记，每日还要结出余额。另外，“银行存款日记账”还应定期与“银行对账单”核对，通常每个月至少要核对一次。企业账面上的结余和银行对账单余额之间如果出现差额，则还要逐笔查明具体的原因，并且按照每月编制的“银行存款余额调节表”进行调节。而每个月的月底，“银行存款日记账”的余额也必须与“银行存款”总账科目的余额进行核对并相符。

对新手会计而言，在支出时一定要入账，当日发生的要当日入账，否则就不能称为日记账了；而每日的账实必须相符，无论何时支出的钱都要随时入账，否则自己容易搞混；如果在支出时没有票据，则可以先记入其他应收，等有了票据以后再冲账，这样发生日期就不是问题了，但必须分清票据发生的业务并分别计入各自的科目。

工业企业建账

工业企业也被称为制造业，指的是专门从事生产、制造、加工的企业。由于工业企业的会计核算涉及非常广泛，内容也特别多，还有成本归集和计算等问题，所以说，为工业企业建账是最复杂，也是最有代表性的。

现金日记账和银行存款日记账

现金日记账和银行存款日记账是所有企业都必须具备的，对工业企业来说也不例外。通常财务人员在购买这两种账本时，可分别购买一本。但如果企业出现开立两个以上银行存款账户的情况，那么购买账本的数量就需视企业的具体情况而定。

如何设置工业企业的总账

财务人员须根据企业业务量的多少，购买一本或者几本总账，之后再按照工业企业所涉及的一些业务和会计科目设置总账。从原则上讲，凡是企业涉及的会计科目就需要设置与之相对应的总账账簿（账页）。财务人员要事先预估每一种业务的业务量大小，把每一种业务用口取纸分开，并在口取纸上注明每一种业务具体的会计科目名称，以方便在登记时可以及时找到准确的账页。当使用总账分页时，假如总账账页中现金业务登记的是从第1页到第5页，我们就需要在目录中写清楚“现金……1～5”，并在总账账页的第1页贴上口取纸，口取纸上注明“现金”；假如第6～10页是银行存款业务，我们就需要在目录中标注“银行存款”的口取纸。以此类推，这样就可以把总账建好。

为了便于登记总账，在使用总账账页分页时，最好把资产、负债、所有者权益、收入、费用、利润六要素按照顺序分页，在口取纸的选择上，还可以把这些要素按照不同的颜色区分，这也便于登记。

对工业企业来说，由于用于会计核算使用的会计账户比较多，总账账簿的需求量也就会多一些，因此在购买时要多购置几本，但也需要按照企业业务量和账户设置的多少购置。因工业企业的存货往往会比较多，其所占的比重也比较大，所以财务人员要根据具体的账户设置相应的总账。通常存货的账户有：原材料、周转材料、在途材料、材料采购、库存商品、委托加工物资等。

明细账的分类

在工业企业里，明细账的设置是按照企业自身管理以及外界对企业信息数据的需求设置的。例如，需要设置的明细账有交易性金融资产（要按照投资种类及对象设置）、应收账款（按照客户名称设置）、"其他应收款"（按照应收部门、个人、项目来设置）、固定资产（按照固定资产的类型设置）、应付账款（按照应付账款对象设置）、其他应付款（按照应付的内容设置）、应付职工薪酬（按照应付部门设置）、应交税费（按照税金的种类设置）、长期股权投资（按照投资对象或根据面值、溢价、折价、相关费用设置）、销售费用、管理费用、财务费用（都需按照费用的构成设置）。

另外，财务人员还可以按照企业自身的需要增减明细账的设置。通常按照原始凭证、汇总原始凭证以及记账凭证登记各种明细账。但无论明细账如何分类，每个账户明细账的期末余额之和都必须与其总账的期末余额相等。

工业企业的成本计算账户

成本计算账户对工业企业来说是非常重要的。成本计算账户通常包括待摊费用、预提费用、生产成本等，财务人员还必须根据它们设置相应的总账。

但由于工业企业的成本计算非常复杂，因此在财务人员建账时，为了方便编制凭证，就需要设计一些计算用的表格，比如领料单、工资费用计算表、材料费用分配表、废品损失计算表、辅助生产费用分配表、折旧费用分配表、产品成本计算单等，这些表格有利于我们进行相关的成本计算。

商品流通企业及服务类企业建账

商品流通企业指的是从事商品流通（买卖）的独立核算企业，一般包括商业、供销合作社、粮食、外贸、物资供销、图书发行等。由于它主要从事购、销、存等经济活动，因此在核算这类企业时，应侧重核算采购和销售成本以及商品流通费用。

服务业也称作第三产业，这类企业提供的不是产品或商品，而只是劳务服务。其中包括广告业、娱乐业、代理业、文化体育业、旅游服务业、金融保险业等。它在具体的成本核算方面比较简单，因此在设置账簿时也较简单。

商品流通企业的总账设置

对商品流通企业来说，其总账除了要设置工业企业日常总账之外，还应该设置库存商品、商品进销差价、在途物资。这三个总账账目是商品流通企业必须使用的。

此外，如果企业在具体的经营活动中，还经常委托他人代销商品或为他人代销商品，就应设置受托代销商品款、受托代销商品、委托代销商品这三个账簿。财务人员在具体操作时，也可根据企业业务量的大小以及业务的需要，增删一些应设置的总账账簿。

商品流通企业明细账的设置

根据商品流通企业增设的总账账簿，财务人员还要增设相关的明细账簿，例如“在途物资”明细账，就可以按照客户的名称设置；而“库存商品”的明细账，则反映了商品的结存状况，就可以按照商品的种类、名称、规格和存放地点设置，并采用数量金额核算法。

在按照实际成本计算已销商品成本时，库存商品的发出可以按照个别计价法（即分批实际成本计价）、先进先出法、后进先出法、进销差价、加权平均法、移动加权平均法和毛利法。

如果企业只是商品零售企业，就需要设置“商品进销差价”明细账，这类账户由于是“库存商品”的调整账户，因此它的明细账的设置方式，要与“库存商品”明细账保持一致。而“经营费用”是反映商品流转的整个经营环节所发生的各种费用，所以要按照费用的种类，例如运输费、装卸费、整理费、广告费等分类账户设置。

“主营业务收入”和“主营业务成本”明细账可以根据商品的种类、名称、规格或者不同的销售部门设置。

此外，为了便于商品流通企业的成本计算，财务人员需要外购或者自制很多计算用表格。在建账时也要准备充分，以避免在月末结账时出现手忙脚乱的状况，比如常用的商品盘存汇总表、毛利率计算表、已销商品进销差价计算表等。

服务企业总账设置

服务企业的总账，需要设置库存现金、银行存款、应收账款、长期股权投资、短期借款、应付账款、应付职工薪酬、未分配利润、本年利润、应交税费、实收资本（股本）、资本公积、盈余公积、主营业务收入、主营业务成本、营业外收入、营业外支出、所得税费用等。

服务企业明细账设置

服务企业的明细账设置，通常也是按照服务企业管理的需要以及实用性设置，与工业企业和商品流通企业明细账的设置基本相同，而不同的只是需要设置营业费用明细账。

总体来说，服务企业的账簿设置相对简单一些，也是需要设置总账、明细账、现金日记账及银行存款日记账。在设置账簿之后，接下来的工作就是按照规定，进行一些日常会计处理，比如制作和使用会计凭证。

第四章
小试身手——轻松填制会计凭证

会计凭证是用来记录企业的经济业务，明确企业具体的经济责任，并以此登记账簿的一种具有法律效力的书面证明。会计凭证具有记录企业经济业务的合法性与合理性，既可保证会计记录的真实性，又能加强企业的经济责任。正确填制会计凭证，是进行会计核算的重要环节，而会计凭证是否真实、完整，对会计的信息质量有非常重要的影响，甚至可以说是确保会计信息质量的基础因素。

会计凭证的意义和种类

会计凭证是财务人员登记账簿的依据，比如收取现金时填写的收据，购买材料时开具的发票等。所以说，会计凭证是会计核算工作的基本环节和最初阶段，此外，会计凭证还是会计核算的方法之一。但只有经过审核无误的会计凭证才能作为记账的依据。

会计凭证的含义

会计凭证是用来记录企业的经济业务、明确具体的经济责任，并据以登记账簿的一种具有法律效力的书面证明。会计凭证具有记录经济业务的合法性与合理性，既保证了会计记录的真实性，又加强了企业的经济责任制。

会计凭证作为会计核算的基本方法之一，与统计等核算的区别就是每一笔业务核算都必须用凭证作为依据。这也就是说，当单位经济业务活动一旦发生，就必须由执行、完成该项经济业务的有关人员，从外部取得或是自行填制凭证，并用书面形式反映及证明经济业务的发生或者完成的情况。

会计凭证作为反映经济业务的一种载体，其内容、数量和金额必须真实并且还要签名或盖章，以明确该项经济业务的真实性、正确性并且相关人员要负有相应的责任。此外，一切会计凭证都必须经过专人进行严格的审核，只有经过审核无误的凭证才可以作为记账的依据。

会计凭证的意义

填写和审核会计凭证，对会计的工作和发挥会计的作用具有非常重大的意义，具体体现在以下几个方面。

（1）会计凭证可以正确、及时地反映出企业各项经济业务的执行及完成情况。通过把企业发生的任何经济业务活动如实记录，并填制或取得的会计凭证，经过严格的审核，最终再把审核无误的会计凭证登记账簿，这样就可以将企业日常发生的所有经济业务，通过会计凭证正确、及时地反映出来，从而为登记账簿提供可靠的依据。所以说，会计凭证对已经发生的经济业务起到了证明的作用。

（2）会计凭证能够对经济业务的合理、合法性进行监督，并检查经济业务是否真实、准确。会计凭证是企业经济业务的记录，通过审核会计凭证，就可以检查该项业务是否符合相关政策、法令、制度等规定，也可以检查有没有违法乱纪或铺张浪费等行为，从而发挥会计所具有的监督作用。

（3）会计凭证可以加强经营管理上的责任制。每一项经济业务都要经办部门的相关人员办理凭证手续，还要在凭证上签名或盖章，这就表示要对经济业务的真实性与合法性负完全责任。另外，根据凭证还能明确哪些人具体应该负责哪项业务，也有了明确的责任划分。这就能促使经办业务的部门与人员加强自身的责任感，并促使其严格按照规定办事，一旦发生问题，也可以按照凭证查清具体的责任。同时，通过凭证审核还能够及时发现企业在一些经营管理上的薄弱环节，并借此总结经验教训，以便采取改进工作的措施。

会计凭证的种类

通常企事业单位所使用的会计凭证五花八门、种类繁多，其用途、性质、格式等因为业务的需要也具有多样性。会计凭证可按照填制程序和用途进行分类，分为原始凭证与记账凭证。

（1）原始凭证也被称为单据，是在经济业务发生或者完成之后取得或填制的，并用来明确企业的经济责任，是反映经济业务具体内容与完成状况的书面证明，也是财务人员进行会计核算的原始资料及重要依据。原始凭证是比较常见的，比如各种报销单、销货发票、款项收据、银行结算凭证等，这些都是原始凭证。

（2）记账凭证是用审核无误的原始凭证作为依据，根据企业经济业务具体事项的内容加以归类，并据此确定会计分录后所填制的会计凭证。记账凭证是登入账簿的直接依据，比较常用的有收款凭证、付款凭证、转账凭证等。

原始凭证

原始凭证也被称作票据，通常包括发票和单据，在工作和生活中比较常见，例如用来报销的普通发票、增值税发票，还有用以记录操作银行账户的银行进账单、缴款单等。此外，一些企业内部使用的收据、领料单、出库单等也可以作为原始凭证来使用。

原始凭证的分类

原始凭证的种类很多，但可以按照不同的标准将其分类，具体如下所示。

（1）按照来源的不同，可分为自制原始凭证与外来原始凭证。自制原始凭证是由企业内部经办业务时填写的凭证。比如仓库保管人员自己填制的收料单，销售部门在销售商品时开具的发票等。而外来原始凭证，指的是在同外单位出现经济往来时从外单位取得的原始凭证，比如购买材料时取得的发票以及出差时得到的车票等。

（2）按照用途的不同，可分为证明凭证、手续凭证及联合凭证。证明凭证是用来证明企业的经济业务已经发生或者完成的各种凭证，比如收料单可证明材料已经验收入库等。手续凭证是为了方便记账而编制的，通常采用汇总的方式，比如各种费用分配表、成本计算表等。而联合凭证既可作为证明凭证，又能实现手续凭证的作用，比如现金收入凭单等。

（3）按照办理或完成经济业务的次数，可分为一次凭证与累计凭证。一次凭证通常只通过一次填制手续就可以完成，比如收料单、领料单等。而累计凭证指在规定的日期内，可以多次、连续地使用，它可以减少凭证的数量和简化凭证填制手续，比如限额领料单等。

（4）按照凭证格式，可分为通用凭证与专用凭证。通用凭证指具有全国或者地区、部门、统一格式及使用方法的凭证，比如全国统一的异地银行结算凭证等。而专用凭证指具有专门用途的原始凭证，比如差旅费报销单等。

原始凭证的基本内容

原始凭证具有这些基本内容：原始凭证的名称、填制原始凭证时的日期、接受原始凭证的单位名称、经济业务的内容（包括数量、单价、金额等）、填制单位的签字或盖章、有关人员签章、凭证附件。

原始凭证除了应当具备的上述内容外，还要有以下的附加条件。

（1）如果原始凭证是从外单位取得的，就应使用统一的以及印有税务专用章的发票，并加盖填制单位的公章。

（2）企业自制的原始凭证，必须有经办单位负责人或其指定的人员签名或盖章。

（3）用于支付款项的原始凭证，必须有收款单位及收款人的收款证明，不能只用支付款项的有关凭证代替。

（4）购买实物时取得的原始凭证，必须要有验收证明。

（5）当销售货物发生退货并且退还货款时，必须要有退货发票、退货验收证明以及对方的收款收据等原始凭证。

（6）职工公出借款时填制的借款凭证，必须要附在记账凭证之后。

（7）经由上级有关部门批准的经济业务事项，应当把批准文件作为原始凭证的附件。

此外，在具体的实际工作中，除了必须满足上述的基本内容外，还可根据企业经营管理与特殊业务的需要，再增加一些必要的内容。比如对不同单位经常发生的共同性质的经济业务，就可以制定一种统一的凭证格式。

原始凭证的填制要求

要准确地填制原始凭证并保证质量，就必须符合下列要求。

（1）原始凭证的记录必须真实、可靠，所填制的内容与数字也必须符合企业的实际情况。

（2）原始凭证的内容必须完整，填制的项目应逐项填列齐全，不能有遗漏与省略，也不能简化，而品名与用途也要明确填写。

（3）原始凭证的手续必须完备，以明确具体的经济责任，确保原始凭证的合法性、真实性。

（4）原始凭证的书写必须规范、清楚，文字也要简练，并易于辨认。大、小写金额也必须相符并且书写规范，在金额的前面要填写人民币符号“¥”，且人民币符号“¥”与阿拉伯数字之间不要留有空白。

（5）原始凭证的编号必须连续，以方便查找。当出现写错作废时，要加盖“作废”戳记并妥善保管，不能随便撕毁。

（6）不能随便涂改、挖补、刮擦原始凭证。当原始凭证出现错误时，应让出具单位重开或更正，并在更正处加盖出具单位的印章。

（7）原始凭证必须填制及时，并且按照规定的程序及时送交相关人员进行审核。

原始凭证的审计

通常一个单位的经济活动与财务收支出现的错误和弊端，大多都会表现在原始凭证上。因此，对原始凭证的审计就变得非常重要，否则不但会让记账、编制会计报表等会计核算不准确，而且还会影响财务数据，最终造成各种损失。而对原始凭证进行审计，可分为外来原始凭证审计及自制原始凭证审计。

（1）外来原始凭证审计。需审查原始凭证的一般要素，例如名称、单位抬头、开出日期、金额等是否准确；需审查原始凭证的数字要素，例如数字、大小写等是否一致；需审查原始凭证的时间要素，例如经济事项发生时间的可能性及合理性，是否存在虚假；需审查原始凭证的规范要素，例如凭证是否正规、有无国家统一规定的凭证等；需审查原始凭证的合法性要素，例如付款数额及付款对象，是否符合现金管理制度规定；需审查原始凭证的真实情况，例如有无合法凭证掩盖下的不真实经济活动。

（2）自制原始凭证审计。对外来原始凭证审计的内容，也全都适用于自制原始凭证的审计。另外还应审查：收款收据的印制是否按照规定的印制权限与有关要求印制，印制收据是否连续编号；收据用完以后，是否按照规定进行保存，以便备查，有无随意销毁的现象；对使用过的收据，其存根、号码是否连续，是否出现缺本、少页的现象。

记账凭证

记账凭证是会计部门按照企业的原始凭证或者原始凭证汇总表而编制的，是确定企业的会计分录并用来登记账簿的直接依据。但如果有一些会计事项，比如因更正错账或期末结账而无法取得原始凭证，则也可以由财务人员根据账簿记录提供的数据编制记账凭证。

记账凭证的分类

从不同的角度，记账凭证可以分为不同的种类。

（1）记账凭证按照其使用范围的不同，可分为通用记账凭证与专用记账凭证。

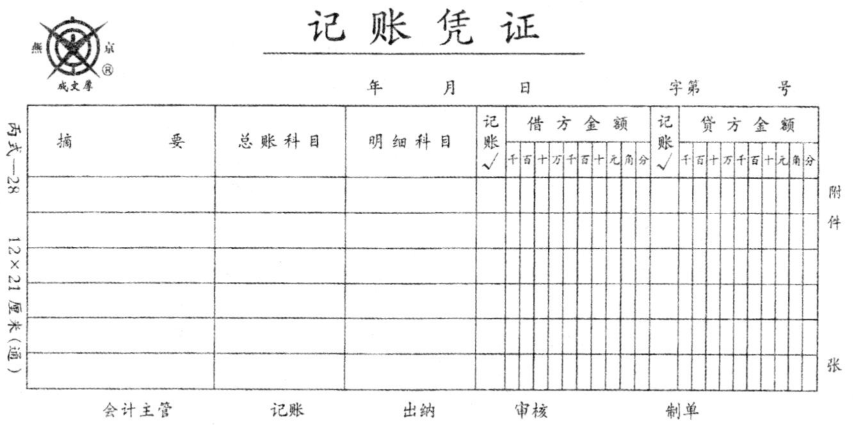

图4-1 通用记账凭证样式

通用记账凭证是指无论企业经济业务的内容如何，对所有业务全都编制成同一种格式的凭证，其格式见上图4-1。

专用记账凭证指的是分类反映企业经济业务的记账凭证；而专用记账凭证按照反映经济业务的内容不同，又可分为收款凭证、付款凭证与转账凭证。

（2）记账凭证按照填列会计科目的数目分类，可以分为单式记账凭证与复式记账凭证。

单式记账凭证指的是每一张记账凭证，只能填列经济业务事项所涉及的一个会计科目及其金额的记账凭证。

复式记账凭证指的是把每一笔经济业务事项所涉及的全部会计科目及其发生额，都放在同一张记账凭证中。

（3）记账凭证按照包括的内容分类，可以分为单一记账凭证、汇总记账凭证与科目汇总表。

单一记账凭证指的是只包括一笔会计分录的记账凭证，例如前面提到的专用记账凭证和通用记账凭证，就是单一记账凭证。

汇总记账凭证指的是按照一定时期内的同类单一记账凭证加以汇总，并重新编制的记账凭证，通常又可以分为汇总收款凭证、汇总付款凭证与汇总转账凭证。

科目汇总表（也被称作记账凭证汇总表、账户汇总表），指的是将一定时期内所有的记账凭证定期加以汇总并重新编制的记账凭证，其目的为简化总分类账的登记手续。

记账凭证的基本内容

无论采用哪种格式、哪种分类，记账凭证都必须具备以下基本内容：记账凭证的名称以及填制单位的名称；填制记账凭证的日期，记账凭证是什么时间编制的，就要记录下具体的时间，它与原始凭证登记的时间可能相同，也可能不同；记账凭证的编号，记账凭证需根据经济活动的顺序按月连续编号；经济业务事项的内容摘要；经济业务事项所涉及的会计科目及其记账方向；经济业务事项的金额；记账标记；所附原始凭证张数；会计主管、记账、审核、出纳、制单等有关人员的签章。

填制记账凭证的基本要求

（1）审核无误。记账凭证需在原始凭证审核无误的基础上填制，这也是内部牵制制度的一个重要环节。

（2）内容完整。记账凭证应该包括的内容都必须具备，但应注意的是，用自制的原始凭证或原始凭证汇总表代替记账凭证使用的，也必须具备记账凭证应具备的所有内容；按照权责发生制原则计算收益、分配费用、结转成本利润等调整分录与结账分录的记账凭证，尽管需要到下个月才能编制，但仍需填写当月月末的日期，以便于在当月的账内进行登记。

（3）分类正确。填制记账凭证时要根据企业经济业务的内容，正确区别一些不同类型的原始凭证，并正确应用会计科目，但不得把不同内容及类别的原始凭证汇总全都填制在一张记账凭证上。

（4）连续编号。填制记账凭证时应当连续编号，这样做有利于分清会计事项处理的先后顺序，方便对记账凭证和会计账簿进行核对，并确保记账凭证的完整。

填制记账凭证的具体要求

（1）除了结账和更正错误以外，填制记账凭证时还要求：附有原始凭证并且注明所附原始凭证的张数；同记账凭证中的经济业务记录有关的每一张证据，都必须作为原始凭证的附件；用于报销差旅费的一些零散票券，可以粘贴在一张纸上作为原始凭证。

（2）当一张原始凭证所列出的支出需要由两个以上的单位共同负担时，就应该由保存该原始凭证的单位为其他单位开具原始凭证分割单。

（3）记账凭证编号的编制方法有很多种，既可按照现金收付、银行存款收付与转账业务分别编号，也可按照现金收入、现金支出、银行存款收入、银行存款支出与转账进行编号。

（4）在填制记账凭证时，如果发生了错误就要重新填制。对已经登记入账的记账凭证，如果在当年内发现了错误，就可以使用红字注销法进行更正。

（5）记账凭证填制完经济业务事项以后，如果仍有空行，就需要在金额栏目最后一笔金额数字下的空行处至合计数上的空行处进行画线注销。

（6）记账凭证的摘要需要与原始凭证的内容保持一致，正确反映企业经济业务的主要内容，并且表述需简短、精练。

记账凭证的审核

记账凭证在填制好以后，必须经过其他会计人员认真的审核。在审核时如果发现记账凭证填制有误，就要按照规定的方法对其及时更正。只有经过审核无误的记账凭证，才可以作为登记账簿的依据。通常记账凭证的审核主要包括如下内容。

（1）审核时，需查看记账凭证是否按照已经审核无误的原始凭证填制，记录内容同所附原始凭证是否一致、金额是否相等，而所附原始凭证的张数也要与记账凭证所列附件的张数相符。

（2）需审核记账凭证所列的会计科目（其中包括一级科目和明细科目）以及应借、应贷方向与金额是否正确；借贷双方的金额是否保持平衡；明细科目金额之和同相应的总账科目的金额是否相等。

（3）需审核记账凭证摘要填写是否清楚，日期、附件张数、凭证编号及相关人员的签章等是否填写齐全。

常用记账凭证的填制

填制记账凭证是会计部门最重要的日常工作之一。虽然记账凭证的种类繁多，格式也不统一，但是其主要作用是对原始凭证进行分类、整理，使原始凭证中包含的会计信息便于以会计核算的方式呈现出来，并运用会计科目编制会计分录，据此登记账簿。

专用记账凭证的填制

1. 填制收款凭证

收款凭证通常根据现金与银行存款收款业务的原始凭证进行填制。凡涉及增加现金或银行存款账户的金额，就必须填制收款凭证。具体可按照下面介绍的方法填写。

在收款凭证左上方的“借方科目（或账户）”处，填写“现金”或者“银行存款”；在右上方填写凭证编号。收款凭证的编号通常按照“现收×号”及“银收×号”分类，并且一些业务量少的单位还可不分“现收”和“银收”，而是按照收款业务发生的先后顺序统一编号，例如“收字×号”；在“摘要”栏内填写经济业务的内容梗概；在“贷方科目（或账户）”栏内，填写与“现金”或者“银行存款”科目相对应的总账（一级）科目及其所属的明细（二级）科目；在“金额”栏内填写实际收到的现金或者银行存款数额；“记账符号”栏应提供给记账员在根据收款凭证登记有关账簿以后做记号用，表示该项金额已经被记入到有关账户了，以避免重记或者漏记。

例如，某公司在2014年5月10日收到了乙公司之前拖欠的50 000元销货款，并存入银行。公司财务人员为此编制了一份银行存款收款凭证，如图4-2所示。

收 款 凭 证

借方科目：银行存款　　　　2014年5月10日　　　　银收 字第 1 号

摘要	贷方总账科目	明细科目	√	金额									
				千	百	十	万	千	百	十	元	角	分
收到乙公司支付的欠货款	应收账款	乙公司					5	0	0	0	0	0	0
合		计				¥	5	0	0	0	0	0	0

附单据 1 张

财务主管：　　记账：　　出纳：　　复核：　　制单：　　交款人：

图4-2 填制完成的收款凭证

2. 填制付款凭证

付款凭证应该按照现金和银行存款付款业务的原始凭证进行填制。凡涉及减少现金或银行存款账户的金额，就必须填制付款凭证。付款凭证的填制方法和收款凭证大致相同，而不同的是，必须在付款凭证的左上方填列贷方科目（或账户），这是因为现金与银行存款的减少要记在账户的贷方；付款凭证的对应科目是“借方科目（或账户）”，需要填写与现金或者银行存款支出业务有关的总账（一级）科目与明细（二级）科目。

对于只涉及“现金”和“银行存款”这两个账户的业务，比如从银行存款中提取现金或者将现金存入银行等，只需要填制付款凭证，而不再填制收款凭证，以免出现重复记账。

例如，某公司员工张某因公准备出差，就在2014年5月10日向公司借款共4 000元，财务人员根据领导的批示为其办理款项后，填制了一份借款单付款凭证，如图4-3所示。

付 款 凭 证

贷方科目：库存现金　　　　2014年5月10日　　　　现付 字第 1 号

摘要	借方总账科目	明细科目	√	金额									
				千	百	十	万	千	百	十	元	角	分
张××出差借款	其他应收款	张××						4	0	0	0	0	0
合计							¥	4	0	0	0	0	0

附单据 1 张

财务主管：　记账：　出纳：　复核：　制单：　交款人：

图4-3 填制完成的付款凭证

3. 填制转账凭证

转账凭证要按照不涉及现金与银行存款收付的转账业务的原始凭证填制。凡未涉及现金与银行存款增加或者减少的业务，都必须填制转账凭证。转账业务通常没有固定的账户对应关系，所以在转账凭证中，需按照“借方科目（或账户）”与“贷方科目（或账户）”，分别填列有关总账（一级）科目与明细（二级）科目。而借方科目的金额和贷方科目的金额都要在同一行的“金额”栏内进行填列。

通用记账凭证的填制

通用记账凭证是用来记录各种经济业务的凭证。采用通用记账凭证的企业或单位，不再根据企业经济业务的内容分别填制收款凭证、付款凭证和转账凭证。因此，凡是涉及货币资金收、付业务的记账凭证，都由出纳员按照审核无误的原始凭证在收、付款后填制；凡是涉及转账业务的记账凭证，都由有关会计人员按照审核无误的原始凭证填制。

此外，在借贷记账法下，要把经济业务所涉及的会计科目全部填列在“借方余额”或者“贷方余额”栏内。借、贷方金额合计数也要相等。制单人还应该在填制凭证完毕之后签名盖章，并且在凭证右侧填写所附原始凭证的张数。

汇总记账凭证的填制

1. 填制汇总收款凭证

汇总收款凭证是根据现金或者银行存款的收款凭证，按照现金或者银行存款科目的借方分别设置，并且按照贷方科目加以归类汇总，定期（每5天或者10天）填列一次，每月编制一张。等到月份结束之后，再计算出汇总收款凭证的合计数，然后分别登记现金或者银行存款总账的借方及其各个对应账户的贷方。

2. 填制汇总付款凭证

汇总付款凭证是根据现金或者银行存款的付款凭证，按照现金或者银行存款科目的贷方分别设置，并且按照借方科目加以归类汇总，定期（每5天或者10天）填列一次，每月编制一张。等到月份结束之后，再计算出汇总付款凭证的合计数，然后分别登记现金或者银行存款总账的贷方及其各个对应账户的借方。

3. 填制汇总转账凭证

汇总转账凭证是根据转账凭证按照每个科目的贷方分别进行设置，并且按其对应的借方科目进行归类汇总，定期（每5天或者10天）填列一次，每月编制一张。等到月份结束之后，再计算出汇总转账凭证的合计数，然后分别登记各有关总账的贷方或者借方。

4. 填制记账凭证汇总表

通常按照记账凭证逐笔登记总账，如果工作量特别大，则可先填制记账凭证汇总表，然后再按照记账凭证汇总表登记总账。

填制方法：需填写记账凭证汇总表的日期、编号及会计科目名称；汇总表的编号通常按照年顺序编列，汇总表上会计科目名称的排列要同总账科目的序号保持一致；把需要汇总的记账凭证按照相同的会计科目名称进行归类；把相同会计科目的本期借方发生额与贷方发生额分别相加，算出合计金额；把每一会计科目的合计金额填入汇总表的相关栏内；将汇总表的本期借方发生额与本期贷方发生额合计，保持双方合计数相等。

会计凭证的传递、装订和保管

会计凭证的传递，指的是从编制会计凭证起到归档时止，在单位内部各相关部门及人员之间的传递程序与传递时间。正确组织会计凭证进行传递，对及时处理及登记企业的经济业务，明确具体的经济责任并实行会计监督，具有非常重要的作用。

会计凭证传递的注意事项

由于各种记账凭证所记载的经济业务的内容不同，而且涉及部门与人员也不同，因此办理的经济业务手续也有所区别。组织会计凭证正确传递，还要遵循企业内部牵制的原则，力争做到及时反映和记录企业的经济业务。通常会计凭证在传递的过程中要注意下列事项。

（1）所有会计凭证的传递及处理，要在会计报告期间之内完成，应该及时传递，既不能积压，也不要跨期，否则就会影响会计核算的正确性与及时性。

（2）会计凭证在传递的过程中，不但要做到完备严密，还要做到简便易行。在签收、交接会计凭证等方面应当制定必要的制度，以保证会计凭证的安全与完整。

（3）财务人员要根据每种经济业务的特点、内部组织机构与人员分工的情况以及企业经营管理的需要，合理规定会计凭证传递的必要环节，并据此合理规定会计凭证的份数，做到既能让相关部门及人员即时了解企业经济业务的情况，及时办理一些凭证手续，又能避免凭证传递经过一些不必要的环节，以利于提高财务的工作效率。

（4）按照各个环节办理经济业务所需要的时间，恰当规定凭证停留在各个环节的时间，以确保凭证可以及时传递。

会计凭证如何装订

会计凭证的装订指的是，将定期完成的会计凭证按照具体的编号顺序，外面再加上封面、封底，然后装订成册，最后在装订线上加贴封签。在会计凭证的封面上，还要注明单位名称、年度、月份、记账凭证的种类、起讫日期、起讫号数以及记账凭证与原始凭证的张数，并且在封签处，加盖会计主管的骑缝图章。

如果采用的是单式记账凭证，则在整理装订时还必须保持会计分录完整，按照凭证号码的顺序装订成册，不能按照科目归类装订。另外，对各种重要的原始单据及各种需要随时查阅与退回的单据，要另编目录且单独登记保管，并在有关的记账凭证与原始凭证上，互相注明日期及编号。

装订好的会计凭证既要美观大方又要方便随时翻阅，因此在装订时首先要设计好装订的册数以及每册的厚度。通常一本凭证的厚度，以1.5～2.0厘米为宜，如果太厚了翻阅核查时就不方便，如果太薄则可以折一些三角形纸条垫在此处，以确保厚度和凭证中间的厚度一致。

此外，在装订会计凭证时也可以采用角订法，这种方法简单易行，效果也很好。具体操作方法如下。

（1）把封面与封底裁开，分别附在凭证的前面及后面，再用一张质地相同的纸（此时可再找一张凭证封皮，裁下一半使用，而另一半在订下一本凭证时备用）放在封面的上角，作为护角线。

（2）在凭证的左上角，画一个边长为5厘米的等腰三角形，并用夹子夹住，然后再用装订机在底线分布均匀的地方打两个眼儿。

（3）用大针引线绳，穿过刚刚打好的两个眼儿。也可以使用回形别针，顺直后把两端折向同一个方向，最后再把线绳引过来并夹紧。

（4）在凭证的背面打一个结，最好用线绳把凭证的两端也都系上。

（5）把护角向左上方侧折，并把一侧剪开到凭证的左上角，随后再涂上胶水。

（6）向上折叠，并把侧面及背面的线绳扣粘牢。

（7）等到晾干之后，在凭证本封面注明“某年某月第几册共几册”的字样，装订人还要在装订线封签处签名或者盖章。此外，如果是现金凭证、银行凭证或转账凭证，则最好按照顺序依次编号，并且还要一个月从头再编一次序号。如果单位的凭证比较少，就可以按照全年的顺序进行编号。

会计凭证如何保管

会计凭证是非常重要的经济资料与会计档案，而保证会计凭证的安全和完整也是所有财会人员的职责。通常每个企业在完成经济业务手续及记账之后，都要按照规定的立卷归档制度，形成自己的会计档案资料，以方便以后随时查阅。

那么在会计凭证的保管过程中，我们应该注意哪些问题呢？

（1）会计凭证必须及时传递，不能积压。

（2）对于各种经济合同及涉外文件等会计凭证，应该另编目录并单独装订保存，同时在记账凭证上注明“附件另订”。

（3）原始凭证不能外借，其他单位及个人在经过本单位的领导批准之后，方可调阅会计凭证，但应填写“会计档案调阅表”，并详细填写所借阅会计凭证的名称、调阅日期、姓名、调阅批准人等。如果需要复制，则还应说明所复制的会计凭证的名称和张数，并在本单位财会人员的监督下进行，最后登记和签字。

（4）凭证在装订之后、存档以前，要进行妥善保管，以防凭证受损、弄脏或霉烂。

（5）对那些性质相同、数量过多或者随时需要查阅的原始凭证，比如收、发料单以及工资卡等，都要单独装订保管，并在封面上注明记账凭证的种类、日期、编号等，同时在记账凭证上注明“附件另订”以及原始凭证的名称和编号。

（6）会计凭证装订成册以后，要由专人负责分类保管，在年终时也要登记归档。

虚假会计凭证的形式

虚假会计凭证的主要目的是隐瞒利润、偷逃税款以及虚增成本。因此，在一些虚假会计凭证的背后，往往隐藏着重大违规、违法的问题。虚假会计凭证里还会隐藏一些重要的犯罪线索。所以在审计会计凭证的过程中，要特别重视识别和查处虚假会计凭证。

伪造、篡改或未如实填写原始凭证

这些行为下的虚假会计凭证指的是，行为人用涂改等方式更改原始凭证的日期、摘要、数量、单价、金额等，使用伪造印鉴、冒充签名或涂改内容等手法，人为地制造证明企业经济业务的原始凭证。

例如某企业的一名员工，利用一张字迹十分模糊，而且只有小写金额没有大写金额的发票，在80.56元的前面添加2，于是就改为280.56元，同时他还按照280.56元添加了大写金额，最后通过财务科顺利报销。

使用白条顶库

白条是指行为人开具或者索取不符合正规凭证要求的发货票与收付款项凭据，以逃避监督或者偷漏税款的一种舞弊手段。具体方式如下。

（1）打白条子，也就是用个人或者企业的名义，在白纸上书写能够证明收支款项或者领发货物的字样，并将其作为发票以充当原始凭证。有的企业购进商品时，支付的劳务费用没有取得正式的发票，就用手写的白条入账；也有一些企业或个人借用企业的现金或者银行存款，后来为了弥补现金或银行存款亏空而使用白条冲账。

（2）用收据代替发票。这种方法经常用于偷逃税款。例如一些个体私营业主，通常只开收据而不开发票，借此避免税务机关的检查并偷逃税款。

（3）没有按照发票规定的用途使用发票，例如以零售、批发商业发票代替饮食服务行业的发票。

（4）没有按照发票规定的要求开具发票。例如没有加盖财务专用章，有关人员没有签字等。

取得、使用虚假发票

使用虚假发票一般包括两种情况，一种是使用假的发票，而另一种是发票上面所记载的内容是虚假的。尽管国家早就以法律的形式规定，企业不得使用任何形式的假发票，并要求重视发票的管理及使用，但假发票仍然非常盛行。甚至，还有企业之间相互开具假发票，也有人靠贩卖假发票牟利。

假发票在社会上不断盛行，这为国家的财政收入及经济管理带来了一系列的严重后果，使国家财政蒙受了巨大的损失。有些企业的经济效益很好，就在职工的福利方面放任自流，最后这些超标准、超范围的福利行为就以虚假发票的方式冲账，这就属于严重违反规定的行为。例如某企业在给职工购买皮衣时，由于是违规行为，不敢直接报销，因而采用了弄虚作假的做法，要求对方不按照皮衣开具发票，而是按照一般生产用材料及运杂费填写发票。

企业自制假单据并虚开发票

虚开发票指的是，行为人在开具发票时，除了在金额上弄虚作假以外，还开列了虚假品名、价格、数量、日期等。其具体做法如下。

（1）虚假品名。行为人开具了便于报销的一些物品名称，目的是代替不符合报销要求的实物名称。比如把化妆品开具为劳保用品、保健品开具为药品等。

（2）虚假价格。行为人按照需要开具价格或者按照虚假货物品名而开具相符的价格，按照收款方、付款方作弊的不同要求，一般虚假价格有高开、低开、平开这三种开具方式。

（3）虚假数量。行为人按照需要开具数量或者配合虚假货物价格开具数量，按照收款方、付款方作弊的不同要求，虚假数量有多计、少计、等计这三种开具方式。

（4）假票真开。行为人使用假发票开具真实的业务。有些企业通过开具不真实的销货发票，以虚减库存，或者把真实的货物销售后却不入账，充做小金库并用做各种不合法的支出；有些企业自制假支出单据，用以开支一些正常业务无法报销的费用；还有些企业用自行印制的专用收据隐瞒企业的收入。例如现在某些职称或执业资格考试，有些单位就将考务费、报名费开具为国家统一的行政事业专用收费收据，而教材、涂卡等则开具为自制的收据（白条），用来偷逃税款。

其他虚假凭证的形式

（1）证证不符。证证不符指的是原始凭证和记账凭证两者不相符。比如有些原始凭证记录的经济业务内容、日期等，与记账凭证上面反映的内容、记账日期明显不符。

（2）记账凭证上的账户对应关系不正常。企业在记账凭证上使用的会计科目及其反映的具体经济业务内容，要符合财务会计制度的规定，但有的企业却经常使用一些往来科目以偷逃税款、隐瞒收入。

（3）虚构企业经济业务，编制虚假记账凭证。有些企业为了虚报业绩而虚构出来很多没有发生的经济业务，目的是呈现一种虚盈实亏的现象。

（4）假账真做。比如有些企业把堆压在仓库里的产品虚列为销售，并要求财会部门凭空填制收款凭证，并假装把销售收入登记入账，以此来虚增利润。

（5）真账假做。比如故意用错会计科目或者忽略一些业务中涉及的中间科目，以此来混淆记账凭证的对应关系，并打乱查阅人的视线。

第五章
应对自如——轻松登记会计账簿

登记账簿是以审核好的会计凭证作为依据，在账簿上分门别类且完整地记录下企业的经济业务。这是由于会计凭证对企业经济业务的记录是比较分散的，通常一张记账凭证只能反映一项经济业务，因此为了得到企业系统化的核算资料，就必须把分散的会计凭证资料进行分类整理，以达到一目了然的效果。登记账簿还能为编制会计报表及企业内部管控提供非常必要、有用的信息。

会计账簿的相关知识

会计账簿指的是由一定格式的账页组成，并以会计凭证作为依据，全面、系统、连续地记录企业各项经济业务的簿籍。而企业通过设置、记录会计账簿，既可以建立起账证、账账以及账表之间内在逻辑的对应关系，也可以检查和校正企业的会计信息。

会计凭证、会计账簿与账户的关系

账户是存在于账簿之中的，账簿中的每一账页即为账户的存在形式与载体，如果没有账簿，账户就不能单独存在；但账簿可以序时、分类地记载企业的经济业务，它是在账户中完成的。所以说，账簿是账户的外在形式，而账户体现的是账簿的真实内容，两者之间是形式与内容的关系。

在具体的会计账簿上，应按照不同的会计科目开设一个会计账户，用于记录企业发生的会计事项；根据会计凭证上对会计事项记载的不同，将会计科目登记到会计账户中。因此，会计凭证、会计账簿与会计账户之间是一种基础递进的关系，相互钩稽（钩稽是一个会计术语，指某个会计报表和另一个会计报表之间的内在逻辑的对应关系，如果出现不相等或不对应，就说明会计报表编制有问题。）且相辅相成，不可单独成立。

此外，在登记企业经济业务的记录时，首先要根据原始凭证做记账凭证；其次是按照记账凭证的内容进行集中与归类；最后再根据账簿分析、归纳，并做出最终的会计报表。但在日后查找或核对相关的经济事项时，要采取相反的顺序：从报表开始查到账簿，然后再查到凭证，最后再找到原始凭证。

会计账簿的基本构成

会计账簿的格式有很多，但基本构成通常包括封面、扉页与账页这三个部分。

（1）封面。封面是用来标明会计账簿的名称的，例如总分类账、应收账款明细账、银行存款日记账、库存现金日记账等。

（2）扉页。扉页是用来填列会计账簿的使用信息的，其主要内容通常包括科目索引、账簿启用与经管人员一览表。

（3）账页。账页是会计账簿的主体。会计账簿由很多账页组成，在每一账页中要包括的内容有：账户的名称（例如总账科目和明细科目等）、用于登记账簿的日期栏、记账凭证的种类及号数栏、摘要栏（用于记录经济业务内容的简要说明）、金额栏（用于记录经济业务的增减变动）、总页次与分页次栏。

会计账簿的作用

在具体的会计核算中，每一项经济业务都要填制会计凭证，因此会计凭证的数量既多又分散，而且每张凭证记载的资料比较零散，不能全面、连续、系统地反映企业在一段时期内全部经济业务的活动情况，并且在查阅的时候也非常不方便。所以，为了给企业的经济管理提供非常系统的核算资料，就必须将大量分散的会计凭证的核算资料，进行集中与归类整理，然后再登记到账簿中。

此外，设置及登记账簿，既能对企业的经济信息进行加工和整理，又是会计核算的中心环节。账簿的作用可概括如下。

（1）账簿能够为企业的经营管理提供非常系统、完整的会计核算资料，这对加强企业的经济核算，提高企业的经营管理水平具有非常重要的作用。

（2）账簿可以为企业编制会计报表提供所需的数据资料。企业定期编制的会计报表，其主要依据来自账簿记录。所以，账簿的记录及设置是否正确、完整，就能够直接影响企业财务报告的质量。

（3）账簿是加强企业经济核算、考核企业经营业绩以及分析经济活动的重要依据。因为账簿不但提供了总括的核算资料，而且还提供了明细的核算资料，也提供了费用、收入、成本及财务成果的会计信息，所以结合账簿内记录的相关资料，就可以分析企业在经营过程中存在哪些问题，便于及时总结经验，加强企业管理。

会计账簿的分类

在企业的会计核算中，需要应用的账簿有很多种。为了更好地了解及使用各种账簿，我们就要对账簿进行必要的分类。

按账簿用途分类

按照账簿的用途，可将账簿分为以下几类。

（1）序时账簿。序时账簿也被称为日记账，是按照企业经济业务发生的时间顺序，每日连续登记的账簿。按照记录的内容不同，序时账簿又可以分为普通日记账与特种日记账。

普通日记账是登记企业全部经济业务往来的日记账，需按照企业每日发生经济业务的先后顺序，逐项编制会计分录。但通常设置普通日记账的企业，就不再另外单设特种日记账了，以免重复。

特种日记账是登记企业某一类经济业务发生状况的日记账，比如现金日记账和银行存款日记账等。

（2）分类账簿。分类账簿是对企业的各项经济业务，按照账户分类登记的账簿，也称分类账。通常按照账簿所反映内容详细程度的不同，分类账簿又可分为总分类账（简称总账）与明细分类账（简称明细账）。

（3）联合账簿。联合账簿指的是将日记账与分类账结合在一起的账簿，例如日记总账就是典型的联合账簿。

（4）备查账簿。备查账簿指的是对某些在日记账簿与分类账簿中，未能记载或者记载不全的事项进行补充登记的账簿。备查账簿可以为某些经济业务的内容提供一些必要的参考资料，比如租入固定资产登记簿。

按账簿格式分类

按照账簿格式的不同，可将账簿分为以下几类。

（1）两栏式。两栏式账簿指的是只有借方与贷方这两个基本金额栏目的账簿，比如各种收入、费用类账户等。

（2）三栏式。三栏式账簿指的是采用借方、贷方、余额这三个主要栏目的账簿。三栏式账簿可适用于总分类账、各种日记账以及债权债务、资本明细账等。

（3）多栏式。多栏式账簿指的是在借方栏或者贷方栏下，设置多个栏目用来反映经济业务不同内容的账簿。通常适用于成本、费用类的明细账，例如生产成本明细账、管理费用明细账、制造费用明细账等。

（4）数量金额式。数量金额式账簿指的是，在借方（收入）、贷方（发出）、余额（结存）这三个主要栏目的基础上，再设置需要反映数量和金额双重指标的账簿。数量金额式账簿通常适用于具有实物形态的财产物资的明细账例如原材料明细账以及库存商品、产成品等明细账。

按账簿外表形式分类

按照账簿外表的形式分类，可将账簿分为以下几类。

（1）订本式账簿。订本式账簿指的是将很多账页装订成册的账簿。这种账簿的账页是固定的，既可以避免账页发生散失，又可以防止账页被随意抽换，非常安全。但它也有缺点，比如同一本账簿在同一时间内只能由一个人登记，不能实行分工记账。所以这种账簿通常适用于一些非常重要的、具有统驭性的总分类账、现金日记账以及银行存款日记账等。

（2）活页式账簿。活页式账簿指的是把分散的账页全都装在活页夹内，并且可以随时取放或增减账页的账簿。这种账簿的账页可以根据具体的需要来确定，登记十分方便，而且可以同时由几个人进行分工记账，但容易出现账页散失及被抽换的情况。活页式账簿通常适用于明细分类账。

（3）卡片式账簿。卡片式账簿指的是，把一定数量的卡片式账页装存在专门设置的卡片箱中，账页可以按照具体的需要而随时增添的账簿。它的优点、缺点与活页式账簿大致相同。卡片式账簿通常适用于固定资产等的明细核算。

会计账簿的设置和登记

好的会计账簿体系，既可以全面、系统地记录企业的经济活动及财务收支状况，又要数量少且体系严密，以方便检查和对账。通常情况下，企业账簿设置的要求是一册订本式总账、一册活页式明细账、一册订本式现金日记账以及一册订本式银行存款日记账。

会计账簿的启用规则

账簿是一个企业非常重要的会计档案。为了确保其完整性及符合规定，以明确有关人员的责任，在启用账簿时，要按照规定记录相关信息。具体的启用规则如下。

（1）对订本式账簿，要在账簿的扉页或最后一页上填写“账簿使用登记表”或者“账簿启用表”，然后填写启用日期、账簿页数、记账人员与会计主管人员姓名等内容，最后要加盖个人的印章及单位公章；记账人员或者会计人员出现工作调动时，要注明交接日期；接办人员与监交人员的姓名，应由交接双方人员签名或者盖章；对事先没有印制页号的账簿，要从第一页到最后一页按照顺序编定页数，不得出现跳页或缺号；在填写账户的目录时，总账要按照会计科目的顺序填写科目名称及启用页号。

（2）对活页式账簿，要设置封面及封底，并在封面填写单位名称、账簿名称以及所属的会计年度。而在装订成册时，也要撤去空白账页，填写使用页码及另加目录，然后再标明每个账户的名称与页次，并且附上填写完整的“账簿使用登记表”或者“账簿启用表”。

会计账簿的登记

为了保证正确记录账簿，就必须保证凭证登记审核无误。具体包括下列方面。

1. 填写项目要齐全，内容需完整

在登记账簿时，要把账页中的日期、金额、摘要、凭证编号等项目填写齐全，摘要需简明、扼要，书写要规范、整齐，数字应清晰、无误。账簿中的月、日要填写记账凭证的日期，当每一笔记账凭证中的业务登记完成以后，还要在记账凭证的“过账”栏内打“√”，表示记账已经完成，避免发生重记或漏记。在登记账簿前，记账人员要按照岗位责任制及内部牵制的要求，对审核过的记账凭证再重新复核一遍，如发现记账凭证出现错误，就要暂停登记，并报告给会计主管人员，让他做出修改或者其他决定。此外，任何未兼任填制记账凭证工作的记账人员，都不得自行更改记账凭证。

2. 各种账簿的具体登记要求

现金日记账与银行存款日记账的登记要求：通常是由出纳员按照办理完毕的收款凭证、付款凭证，随时逐笔进行登记，如果不能随时登记，则也要保证至少每天登记一次，并在每天结出余额。

总分类账的登记要求：因各企业账务处理程序不同，所以可以根据记账凭证直接登记总分类账，也可以按照科目汇总表或者其他的方式登记，可以每3～5天登记一次，也可根据汇总记账凭证的时间按照每月上旬、中旬或下旬，进行总分类账登记。

明细分类账的登记要求：由于明细分类账是按照原始凭证或记账凭证直接登记的，因此要根据业务的发生情况及时进行登记，以此来掌握企业财务的经营动态。

3. 书写要求

为了保证账簿记录具有持久性，防止涂改，记账时必须使用蓝、黑墨水钢笔或者碳素墨水笔进行书写，不能使用圆珠笔或者铅笔书写。除结账、改错、冲账或登记减少数可以使用红笔以外，其余账簿记录都不能使用红色墨水。在书写文字及数字时，先不要写满格，通常占到格距的1/2，这样就可在发现输入错误时，在该文字或数字的上面进行更正。

4. 连续登记

必须按照账户页次进行逐页、逐行登记记账，不得出现跳页、隔行，如果无意发生隔行、跳页等现象，就要在空页或空行处用红色墨水画对角线予以注销，并加盖“此页空白”或“此行空白”的戳记，最后交由记账人员签章。在每一账页记录完毕结转下页时，为了表现出账目的连续性，还要结出本页的合计数及余额，并在本页的最后一行摘要栏处注明“过次页”，在下页的第一行摘要栏注明“承前页”，并将上页的余额以及发生额过入到次页；也可以把上页的最后一行不结计发生额合计以及余额，而直接在次页第一行的承前页上写出发生额合计数以及余额。

另外，在财政部颁布的《会计基础工作规范》中，对“过次页”的本页合计数的结计方法做出了以下具体规定。

（1）对于现金、银行存款以及收入、费用明细账等，需按月结计发生额账户，而结计“过次页”的本页合计数应该是从本月初起至本页末止的发生额合计数。

（2）需要结计本年累计发生额的一些明细账户，结计“过次页”的本页合计数应该是从年初起至本页末止的累计发生额。

（3）对不需要按月及按年结计发生额的账户，只需将每页末的余额结转次页。

5. 余额结计要求

对那些需要结出余额的账户，当结出余额后，要在“借或贷”栏内写明“借”“贷”，以表明余额方向，并在“余额”栏内写清楚具体的余额数。对没有余额的账户，应该在“借或贷”栏内写“平”字，并把余额栏内的“元”字的位置用“0”来表示。

6. 定期打印

为了便于审计及加强会计信息的安全性和完整性，在财政部颁布的《会计基础工作规范》中提出了具体的打印要求，即“实行会计电算化的单位，总账和明细账应当定期打印。发生收款和付款业务的，在输入收款凭证和付款凭证的当天，必须打印出现金日记账和银行存款日记账，并与库存现金核对无误。”

账簿登记的流程

每笔经济业务在完成了会计凭证填制的工作以后，要按照以下流程进行相关账簿登记。

（1）将涉及现金、银行存款收付业务的会计凭证交给出纳员，并由其完成如下工作：当履行了收、付款的行为后，必须在原始凭证上加盖收、付款戳记；在记账后，记账凭证中的“库存现金”或者“银行存款”科目应做出记账标识，并在记账凭证“出纳”的位置处签章，以明确出纳员对于库存现金、银行存款的保管责任；把登记凭证移交给记账会计。

（2）未涉及现金、银行存款收付业务的记账凭证，应该直接传递给记账会计。

（3）负责登记明细账的会计人员，需按照记账凭证登记相关的明细分类账，记账后还要在记账凭证中相关科目的后面做出“打钩”等记账标识，并在“记账”的位置处签章。在登记完成明细账后，还要把会计凭证传递给总账会计。

（4）总账会计应根据记账凭证直接登记总分类账，或者定期采用一定的程序及方法，将该期记账凭证进行汇总后再编制“科目汇总表”或“总记账凭证”，并以此登记总分类账。记账结束后同样要在相关凭证中做出记账标识并且签章。此外，各企业发生的经济业务，应该采用平行登记的方法，一方面按照会计凭证记入相关的总分类账，而另一方面要记入所属的各明细分类账。

会计账簿的操作实例

财务人员每天需要根据当天的原始凭证做记账凭证，然后再按照记账凭证登记各类明细账。只有现金与银行存款日记账要做到日清月结，而现金账的余额要与库存，也就是保险柜中的现金数目相对应，银行账的余额要与银行对账单核对。

现金日记账的登记实例

现金日记账是由出纳人员根据与现金收付有关的记账凭证，按照时间顺序逐日、逐笔进行登记，并依据公式“上日余额+本日收入-本日支出=本日余额”，逐日结出现金余额，最后再与库存现金实存数目核对，以检查每日现金收付是否出现差错。

【例】加汇公司2015年12月31日有关现金收付业务如下。

（1）开出现金支票，提取现金一共50 000元。凭证为银付字124号，会计分录如下。

借：库存现金　　　　　　50 000

　　贷：银行存款　　　　　　50 000

（2）零售某型号产品共10件，凭证为现收字093号，会计分录如下。

借：库存现金　　　　　　5 850

　　贷：主营业务收入　　　　5 000

　　应交税金——应交增值税（销项税额）　　850

（3）收到一单位租用设备的租金共1 000元，凭证为现收字094号，会计分录如下。

借：库存现金　　　　　　　　1 000

　　贷：其他业务收入　　　　　1 000

（4）为员工发放工资52 000元，凭证为现付字104号，会计分录如下。

借：应付职工薪酬　　　　　　52 000

　　贷：库存现金　　　　　　　52 000

（5）销售科因业务需要领用了2 000元备用金，凭证为现付字105号，会计分录如下。

借：其他应收款——备用金（销售科）　　2 000

　　贷：库存现金　　　　　　　　　　2 000

（6）出纳员李婷赔前一天短款100元，凭证为现收字095号，会计分录如下。

借：库存现金　　　　　　　　100

　　贷：其他应收款——现金短款　100

（7）收到某商品包装物900元押金，凭证为现收字096号，会计分录如下。

借：库存现金　　　　　　　　900

　　贷：其他应付款——包装物押金　900

（8）收到职工王华还回的600元借款，凭证为现收字097号，会计分录如下。

借：库存现金　　　　　　　　600

　　贷：其他应收款——职工借款（王华）　600

（9）总务科李强报销因公出差的差旅费1 950元，凭证为现付字106号，会计分录如下。

借：管理费用　　　　　　　　1 950

　　贷：库存现金　　　　　　　1 950

（10）向银行送存现金业务收入共10 500元，凭证为现付字107号，会计分录如下。

借：银行存款　　　　　　　　10 500

　　贷：库存现金　　　　　　　10 500

每日根据前面所列的会计凭证分别登记的现金日记账表如表5-1所示。

表5-1 登记现金日记账表

2015年		记账凭证		摘要	对方科目	借方	贷方	借或贷	余额
月	日	字	号						
12	31			承前页				借	10 000
12	31	银付	124	提取现金	银行存款	50 000		借	60 000
12	31	现收	093	零售产品	产品销售收入 应交税金	5 000 850		借	65 000 65 850
12	31	现收	094	收取设备租金	其他业务收入	1 000		借	66 850
12	31	现付	104	发放工资	应付工资		52 000	借	14 850
12	31	现付	105	销售科借款	其他应收款		2 000	借	12 850
12	31	现收	095	出纳赔款	其他应收款	100		借	12 950
12	31	现收	096	收押金	其他应付款	900		借	13 850
12	31	现收	097	王华还款	其他应收款	600		借	14 450
12	31	现付	106	李强报差旅费	产品销售费用		1 950	借	12 500
12	31	现付	107	送存银行	银行存款		10 500	借	2 000
				本月合计		342 350	340 350	借	2 000
				本季合计		884 940	882 940	借	2 000
				本年合计		4 826 480	4 825 200		2 000
				年初余额		720			
				结转下年			2 000		
				合计		4 827 200	4 827 200		

银行存款日记账的登记实例

银行存款日记账是企业非常重要的经济档案，因此在启用账簿时，也要按照有关规定及要求填写“账簿启用表”，具体的内容与要求同现金日记账大致相同。

【例】东方氏纬公司2015年12月初银行存款日记账期初余额是560 000元，在2015年的12月份发生了如下经济业务。

（1）12月1日，公司向银行存入汇票200 000元存款，凭证号为银付字001号，其会计分录如下。

借：银行存款　　200 000

　　贷：其他货币资金——银行汇票　　200 000

（2）12月1日，提取100 000元现金为员工发放工资，凭证号为银付002号，其会计分录如下。

借：应付职工薪酬　　100 000

　　贷：银行存款　　100 000

（3）12月5日，销售产品收到70 200元银行本票，凭证号是银收字001号，会计分录如下。

借：银行存款　　70 200

　　贷：主营业务收入　　60 000

　　　　应交税金——应交增值税（销项税额）　　10 200

（4）12月9日，收到某公司一张价值700 000元的转账支票，用以归还应收账款，凭证号为银收字002号，会计分录如下。

借：银行存款　　700 000

　　贷：应收账款　　700 000

（5）12月10日，公司兑付到期了一张商业汇票，支付票面金额为300 820元，凭证号为银付字003号，会计分录如下。

借：应付票据　　300 820

　　贷：银行存款　　300 820

（6）12月12日，用转账支票向某企业购入了价值为46 800元的材料，凭证号为银付字004号，其会计分录如下。

借：材料采购　　40 000

　　应交税金——应交增值税（进项税额）　　6 800

　　　贷：银行存款　　46 800

（7）12月13日，公司向银行借入了300 000元短期借款，凭证号为银收字003号，会计分录如下。

借：银行存款　　　　300 000

　　贷：短期借款　　　　300 000

（8）12月14日，存入了6 000元现金，凭证号为现付字024号，会计分录如下。

借：银行存款　　　　6 000

　　贷：库存现金　　　　6 000

（9）12月16日，向异地的另一家企业销售公司生产的产品，采用托收承付的方式收到了35 100元款项，凭证号为银收字004号，其会计分录如下。

借：银行存款　　　　35 100

　　贷：应收账款　　　　35 100

（10）12月20日，公司采用委托收款的方式向外地某公司采购了一批材料，支付价款为23 400元，凭证号为银付字005号，其会计分录如下。

借：材料采购　　　　20 000

　　应交税金——应交增值税（进项税额）　　3 400

　　贷：银行存款　　　　23 400

（11）12月24日，以转账支票的方式支付了外购材料运杂费共40 000元，凭证号为银付字006号，其会计分录如下。

借：材料采购　　　　40 000

　　贷：银行存款　　　　40 000

（12）12月28日，缴纳企业应缴纳的96 000元增值税，凭证号为银付字007号，会计分录如下。

借：应交税金——应交所得税　　96 000

　　贷：银行存款　　　　96 000

（13）12月30日，收到子公司分得税后利润共300 000元，凭证号为银收字005号，其会计分录如下。

借：银行存款　　　　300 000

　　贷：投资收益　　　　300 000

（14）12月31日，预交明年上半年的保险费共6 000元，凭证号为银付字008号，其会计分录如下。

借：待摊费用　　　　　　　　　6 000

　　贷：银行存款　　　　　　　　　6 000

根据上述经济业务登记银行存款日记账表如表5-2所示。

表5-2 登记银行存款日记账表

2015年		记账凭证		摘要	对方科目	借方	贷方	借	余额
月	日	字	号						
12	1			月初余额				借	560 000
12	1	银付	001	存入汇票存款	其他货币资金		200 000	借	360 000
12	1	银付	002	提取现金	现金		100 000	借	260 000
12	5	银收	001	销售产品	产品销售收入应交税金	60 000 10 200		借	330 200
12	9	银收	002	收回应收账款	应收账款	700 000		借	1 030 200
12	10	银付	003	支付商业承兑汇票	应付票据		300 820	借	729 380
12	12	银付	004	购买材料	材料采购 应交税金		40 000 6 800	借	682 580
12	13	银收	003	借入短期借款	短期借款	300 000		借	982 580
12	14	现付	024	存入现金	现金	6 000		借	988 580
12	16	银收	005	收到货款	应收账款	35 100		借	1 023 680
12	20	银付	005	采购材料	材料采购 应交税金		20 000 3 400	借	1 000 280
12	24	银付	006	支付运杂费	材料采购		40 000	借	960 280
12	28	银付	007	缴纳增值税	应交税金		96 000	借	864 280

续表

12	30	银收	005	收到投资利润	投资收益	300 000		借	1 164 280
12	31	银付	008	预交保险费	待摊费用		6 000	借	1 158 280
				本月合计		1 568 300	910 920	借	1 158 280
				本季合计		7 008 500	5 136 260	借	1 158 280
				本年合计		20 610 500	19 802 220	借	1 158 280
				年初余额		350 000			
				结转下年			1 158 280		
				合计		20 960 500	20 960 500		

总账及明细账实例

【例1】2015年1月1日，某公司的“原材料”和“应付账款”总分类账户以及所属的明细分类账户的余额如下。

（1）“原材料”总账账户为借方余额350 000元，其所属明细账户结存情况如下。

①“丙材料”明细账户，结存20 000千克，单位成本为10元，金额计200 000元。

②“丁材料”明细账户，结存500吨，单位成本为300元，金额计150 000元。

（2）“应付账款”总账账户为贷方余额100 000元，其所属明细账户余额如下。

①“X工厂”明细账户，贷方余额60 000元。

②“Y工厂”明细账户，贷方余额40 000元。

【例2】2015年1月份，某公司发生的相关交易、事项以及会计处理如下。

（1）1月9日，向X工厂购入丙材料5 000千克，单价10元，计50 000元；向Y工厂购入丁材料1 000吨，单价300元，计300 000元，丙、丁材料已验收入库，货款均尚未支付。

对发生的该项交易或事项，企业应编制的会计分录如下。

借：原材料——丙材料　　　　50 000
　　　　——丁材料　　　　300 000
　贷：应付账款——X工厂　　　　50 000
　　　　　——Y工厂　　　　300 000

（2）1月12日，向X工厂购入丙材料4 000千克，单价10元，计40 000元；丁材料500吨，单价300元，计150 000元，材料均已验收入库，货款尚未支付。

对发生的该项交易或事项，企业应编制会计分录如下。

借：原材料——丙材料　　　　40 000
　　　　——丁材料　　　　150 000
　贷：应付账款——X工厂　　　　190 000

（3）1月20日，以银行存款付给之前拖欠X工厂的货款共200 000元，Y工厂的货款共300 000元。

对发生的该项交易或事项，企业应编制会计分录如下。

借：应付账款——X工厂　　　　200 000
　　　　——Y工厂　　　　300 000
　贷：银行存款　　　　500 000

（4）1月26日，生产车间为生产产品从仓库领用丙材料10 000千克，金额为100 000元；领用丁材料1 000吨，金额为300 000元。

对发生的该项交易或事项，企业应编制会计分录如下。

借：生产成本　　　　400 000
　贷：原材料——丙材料　　　　100 000
　　　　——丁材料　　　　300 000

根据平行登记的要求，将上述交易或事项在“原材料”和“应付账款”总账账户及其所属的明细账户中进行登记。平行登记结果如表5-3、表5-4、表5-5、表5-6、表5-7和表5-8所示。

表5-3 总分类账

账户名称：原材料　　　　单位：元

2015年		凭证字号	摘要	借方	贷方	借或贷	余额
月	日						
1	1		期初余额			借	350 000
1	9	（1）	购入材料	350 000		借	700 000
1	12	（2）	购入材料	190 000		借	890 000
1	26	（4）	领用材料		400 000	借	490 000

表5-4 总分类账

账户名称：应付账款　　　　单位：元

2005年		凭证字号	摘要	借方	贷方	借或贷	余额
月	日						
1	1		期初余额			贷	100 000
1	9	（1）	购料欠款		350 000	贷	450 000
1	12	（2）	购料欠款		190 000	贷	640 000
1	20	（3）	偿还欠款	500 000		贷	140 000

表5-5 原材料明细分类账

账户名称：丙材料　　　　计量单位：千克　金额：元

2015年		凭证字号	摘要	收入			发出			结余		
月	日			数量	单价	金额	数量	单价	金额	数量	单价	金额
1	1		期初余额							20 000	10	200 000
1	9	（1）	购入材料	5 000	10	50 000				25 000	10	250 000
1	12	（2）	购入材料	4 000	10	40 000				29 000	10	290 000
1	26	（4）	生产领料				10 000	10	100 000	19 000	10	190 000
			本月合计	9 000		90 000	10 000		100 000	19 000	10	190 000

表5-6 原材料明细分类账

账户名称：丁材料　　　　计量单位：千克　金额：元

2015年		凭证字号	摘要	收入			发出			结余		
月	日			数量	单价	金额	数量	单价	金额	数量	单价	金额
1	1		期初结存							500	300	150 000
1	9	（1）	购入材料	1 000	300	300 000				1 500	300	450 000
1	12	（2）	购入材料	500	300	150 000				2 000	300	600 000
1	26	（4）	生产领料				1 000	300	300 000	1 000	300	300 000
			本月合计	1 500		450 000	1 000		300 000	1 000	300	300 000

表5-7 应付账款明细表

明细账户：X工厂　　　　单位：元

2015年		凭证字号	摘要	借方	贷方	借或贷	余额
月	日						
1	1		期初余额			贷	60 000
1	9	（1）	购料欠款		50 000	贷	110 000
1	12	（2）	购料欠款		190 000	贷	300 000
1	20	（3）	偿还欠款	200 000		贷	100 000

表5-8 应付账款明细表

明细账户：Y工厂　　　　单位：元

2015年		凭证字号	摘要	借方	贷方	借或贷	余额
月	日						
1	1		期初余额			贷	40 000
1	9	（1）	购料欠款		300 000	贷	340 000
1	20	（3）	偿还欠款	300 000		贷	40 000

第六章

心中有数——处理对账、结账与错账

对账即为在结账之前，将账簿上记录的内容与会计凭证进行核对，或将各种账簿之间的数字进行核对，并核对账簿记录信息与实物和货币资金的实存数。通过纠正一些记账错误，就可以保证账簿记录准确无误，为编制会计报表提供真实可靠的会计核算资料。因此，每个企业、事业或行政单位，都必须建立定期的对账制度，这也是财务人员日常工作中最重要的环节之一。

对账的相关操作

对账即核对账目，是指为了保证账簿记录的正确、可靠，在会计核算中对账簿中的有关数据进行检查与核对的工作。财务人员要定期把会计账簿所记录的相关数据与库存实物、货币资金等往来信息进行核对，以保证账证相符、账账相符、账实相符，通常每年至少要进行一次对账工作。

对账工作的主要内容

对账工作的主要内容是账证核对、账账核对、账实核对。

1. 账证核对

财务人员需在月终时对账簿记录与会计凭证进行核对，以发现是否有错误之处，如有错误就需要及时更正，这是保证账账相符和账实相符的基础，具体方法如下。

（1）要看总账同记账凭证汇总表是否相符。

（2）应看记账凭证汇总表同记账凭证是否相符。

（3）需看明细账同记账凭证及所涉及的支票号码和其他结算票据的种类等是否相符。

2. 账账核对

账账核对指的是核对各种账簿之间是否相符，既包括对企业内各种账簿之间的相关指标进行核对，也包括对本企业与其他单位的往来账项进行核对，具体方法如下。

（1）核对总账资产类科目的各种账户与负债、所有者权益类科目各账户的余额合计数是否相符。

总账资产类账户余额=总账负债+所有者权益账户余额

总账各账户借方发生额（或者贷方发生额）=总账各账户贷方发生额（或者借方发生额）之和

（2）核对总账各账与所辖明细账户的各项目之和是否相符。

①总分类账户与其所属的各个明细分类账户之间本期发生额的合计数应该相等。

②总分类账户与其所属的各个明细分类账户之间的期初、期末余额应该相符。

（3）核对会计部门的总账、明细账与有关职能部门的账、卡之间是否相符。

①应该定期核对会计部门的相关财产物资的明细分类账的余额，与财产物资保管部门以及使用部门经管的明细记录的余额是否相符。

②各种有关债权、债务明细账的余额，应该与相关的债务人、债权人经常或者定期核对是否相符。

③现金、银行存款日记账的余额，应该与总分类账有关账户的余额定期核对是否相符。

④对于已经缴纳国库的利润、税金以及其他预算缴款，应该与征收机关按照规定的时间核对是否相符。

3. 账实核对

账实核对是指对各种财产物资的账面余额同实际数额之间进行核对，具体方法如下。

（1）现金日记账的账面余额同现金实际库存数额应该每日进行核对，并且还应填写库存现金核对情况报告单，以此作为相应的记录。当发生金额不符时，也应当立即列作“待处理财产损益”，等到查明具体原因并经过批准以后再进行处理，企业会计主管需经常检查此项工作。

（2）在对库存现金进行清查、核对时，出纳人员必须参与其中，不允许以借条、收据充抵现金，核对时需查明库存现金是否超过限额以及是否存在坐支等问题。

（3）银行存款日记账的账面余额应同开户银行对账单进行核对。当每收到一张银行对账单时，经管人员要在3日之内核对完毕，每月编制一次银行存款余款调节表，会计主管人员也应至少每月检查一次，并且写出书面的检查意见。

（4）有价证券账户应与单位实存有价证券（例如国库券、重点企业债券、股票或收款票据等）核对相符，至少每半年核对一次。

（5）商品、产品、原材料等明细账的账面余额，应该定期同库存数进行核对；而对其他财产物资账户也必须定期核对，另外，在年终时还要进行一次全面的清查。

（6）各种债权、债务类明细账的账面余额，应与债权、债务人账面记录进行核对、清理。而核对、清理之后的结果，还应以书面形式及时向会计主管汇报，并最终汇报给单位领导人。对存在的问题也要及时采取措施，积极予以解决。

（7）对出租、租入、出借、借入财产等账簿，除了在合同期满时要进行及时清结外，每半年还应至少核对一次，以确保账实相符。

通过完成上述的对账工作，就能够做到账证相符、账账相符及账实相符，让会计核算的资料真实、准确、可靠。

结账的相关知识

结账是为了总结企业在一个会计期间内经济活动的财务收支状况，并据此编制财务会计报表，而对各种账簿的本期发生额以及期末余额进行的计算总结。具体来说，结账就是对各种账簿记录进行结算，并结算出本期发生额及期末余额的过程。

结账工作的内容

（1）将本期内企业所发生的经济业务全都记入到有关账簿，既不能提前予以结账，也不能把企业本期所发生的业务延至下期。

（2）按照权责发生制的原则，调整、结转相关的账项。本期内发生的所有转账业务，都应编成记账凭证并记入到相关账簿，以调整账簿的相关记录。

（3）计算、登记本期发生额及期末余额。在本期企业经济业务全都登记入账的基础上，还应结算现金日记账、银行存款日记账以及总分类账与各明细分类账各账户的本期发生额和期末余额，并结转至下期。

结账的种类

会计人员应该按照规定，对企业的现金、银行存款日记账按日予以结账，而对其他账户，则按照结账时期的不同，以月结、季结和年结这三种方式进行结账。

（1）月结。需在该月的最后一笔经济业务下面，画一条通栏单红线，并在红线下摘要栏内注明“本月合计”“本月发生额及余额”的字样；在借方栏、贷方栏或者余额栏处，分别填入“本月合计数”及“月末余额”，同时在

“借或贷”的栏内注明借、贷方向。最后还应在这一行下面再画一条通栏红线，以便同下月发生额划清界限。

（2）季结。通常是在每季度的最后一个月，并在月结的下一行的摘要栏内，注明“本季合计”或者“本季度发生额及余额”，同时再结出借、贷方发生总额以及季末余额。最后在这一行下面画一条通栏单红线，以表明季结的结束。

（3）年结。通常是在第四季度季结的下一行，在摘要栏处，注明“本年合计”或者“本年发生额及余额”，同时结出借、贷方发生额以及期末余额。最后在这一行下面画上通栏双红线，以表示封账。

结账时的一些规范

在年度结账后，总账与日记账应当更换新账，明细账一般也要更换。但固定资产明细账等可以继续使用，不需要每年更换。当年终将各账户的余额结转到下一会计年度时，可在摘要栏处注明“结转下年”的字样，但结转金额不用再抄写。如果账页的“结转下年”的下面还有空行，就应从余额栏的右上角至日期栏的左下角处，使用红笔画对角斜线予以注销，并在下一会计年度新建有关会计账簿的第一行的余额栏处，填写上年结转的余额，最后在摘要栏处注明“上年结转”字样。

在涉及债权和债务的情况下，还应在填写“上年结转”时，在摘要栏处填写组成金额的发生日期以及主要经济业务的内容说明，如果一行摘要栏不能写完，就可以在次行摘要栏内继续填写，并在最后一行的余额栏处填写上年度余额。

自动结账的过程

在企业会计电算化的条件下，结账工作可利用计算机进行操作。

（1）在月结前，应该检查“本月记账凭证是否已全部记账”与其他结账条件是否具备。如果不具备结账的条件，就不能对其进行结账；如果结账的条件已经具备，则应予以执行，并且在每个月月末时都要执行这项工作；如果采用的是“账结法”，则应在年末再进行此项工作。

（2）将本期的账户数据转成历史数据。

（3）将本期的期末余额转入到下期期初余额。

（4）在结账以后，要做结账标志，不允许再输入该期凭证。

（5）在开始下个会计期财务处理之前，需要准备相关的工作。

结账的程序及方法

在结账以前，应检查本期企业发生的经济业务是否已经全部登记入账。凡在本月之内发生的各项经济业务，都要在本月全部记入账内，不能延期至下月记账或者把下月的经济业务提到上月记账，然后据此编制有关发生额及余额表，并进行试算平衡。

结账的基本程序

（1）要把本期发生的经济业务事项全都登记入账，并且保证其准确性。

（2）按照权责发生制的要求调整有关账项，并合理确定本期应计收入及应计费用。

（3）把损益类科目转入“本年利润”科目，并结平所有损益类科目。例如，收入收益转入本年利润，其会计分录如下。

借：主营业务收入

　　其他业务收入

　　营业外收入

　　投资收益

　　贷：本年利润

费用损失转入本年利润，其会计分录如下。

借：本年利润

　　贷：主营业务成本

　　　　营业税金及附加

其他业务成本

销售费用

管理费用

财务费用

营业外支

所得税费用

把制造费用转入生产成本，其会计分录如下。

借：生产成本

　　贷：制造费用

结转已售商品的成本，其会计分录如下。

借：主营业务成本

　　贷：库存商品

（4）结算各种资产、负债及所有者权益账户，分别结出各账户的本期发生额与期末余额并且结转至下期，以作为下期的期初余额。具体方法如下。

①结账前，必须把本期内所发生的各项经济业务全都登记入账。

②结账时，必须要结出每个账户的期末余额。需结出当月发生额的，应该在摘要栏内注明“本月合计”字样，并在下面通栏画单红线；需结出本年累计发生额的，应该在摘要栏内注明“本年累计”字样，并在下面通栏处画单红线；12月末的“本年累计”即全年累计发生额，在这下面应当通栏画双红线，年度终了结账时，所有总账账户都应当结出全年发生额和年末余额。

还需注意的是，在下一会计年度新建相关会计账簿的第一余额栏内，应填写上年结转的余额，并在摘要栏处注明“上年结转”的字样。

结账的主要方法

（1）对不需按月结计本期发生额的账户，在每次记账以后，都要随时结出余额，每月最后一笔余额即是月末余额。等到月末结账时，只需在最后一笔经济业务下面通栏画单红线，而不需再次结计余额。

（2）对库存现金、银行存款日记账以及需按月结计发生额的收入、费用等明细账，在每月结账时，需在最后一笔经济业务下面通栏画单红线，并将结出的本月发生额及月末余额写在红线下面，然后在摘要栏内注明“本月合计”

字样，最后在下面通栏画单红线。

（3）对需要结计本年累计发生额的明细账户，在结账时要在“本月合计”行下，结出自年初起直至本月末止的累计发生额，然后登记在月份发生额下面，在摘要栏处注明“本年累计”的字样，并在下面通栏画单红线。而12月末的“本年累计”即为全年累计发生额，需在全年累计发生额的下面通栏画双红线。

（4）在总账账户，平时只需结出月末余额即可。等到年终结账时，为了能够总结出反映全年各项资金运动的状况，并核对所有的项目，就要在所有总账账户中结出全年发生额及年末余额，然后在摘要栏处注明“本年合计”字样，最后在合计数下通栏画双红线。

（5）在年度终了结账时，如果账户上有余额，就应把余额结转到下一会计年度，并在摘要栏处注明“结转下年”字样；在下一会计年度新建相关会计账簿的第一行余额栏内，填写上年结转的余额，然后在摘要栏内注明“上年结转”字样。当结转下年时，应该让有余额账户的余额如实反映在账户里，以免混淆有余额账户与无余额的账户。

实际工作中结账的注意事项

（1）结账时要按照不同的账户记录，分别采用不同的结账方法。

（2）有关结账时如何画线的问题。结账画线的目的，是突出显示本月合计数及月末余额，表明本会计期的会计记录已经截止或者结束，并把本期与下期的记录明显地区分开来。按照财政部的规定，月结时应画单线，年结时画双线。在画线时要画红线；画线要画通栏线，不要只在本账页中的金额部分画线。

（3）有关账户余额的填写方法。在每月结账时，要把月末余额写在本月最后一笔经济业务记录的同一行内。但在对各种成本、费用、收入的明细账等账目结账时，还要把月末余额同本月发生额写在同一行内，并在摘要栏注明“本月合计”字样。这样做的目的，是使账户记录中的月初余额加、减本期发生额后等于月末余额，以方便稽核账户记录。而如果需要结计本年累计发生额的一些明细账户，则在每月结账时，对“本月合计”行已有余额的，在“本年累计”行就不需要再写余额了。

（4）有关使用红字或蓝字的问题。在账簿记录中如果使用红字，就一定具有某些特定的含义，例如表示蓝字金额减少或者出现负数余额。因此在结账时，当出现负数余额时，就可以用红字在余额栏处进行登记，但如果在余额栏前印有余额的方向（比如借或贷），那么则应该使用蓝黑墨水书写，而不能使用红色墨水书写。

此外，当年度终了时，要将各账户的余额结转至下一会计年度，并在摘要栏内注明“结转下年”字样；而在下一会计年度新建相关会计账簿时，在第一余额栏内应该填写上年结转的余额，并在摘要栏处注明“上年结转”字样。

账户余额结转下年的方法

（1）把本账户年末余额，以相反的方向记入到最后一笔账下的发生额内，比如某账户年末为借方余额，而在结账时把此项余额填列在贷方发生额栏内（如果余额为贷方，就做相反的记录），在摘要栏处填写“结转下年”字样，在“借或贷”栏内填写“平”字，并且在余额栏的“元”位上填列“θ”符号，以表明账目已经结平。

（2）在“本年累计”发生额的次行，把年初余额按照同方向记入到发生额栏内，并在摘要栏处填明“上年结转”字样；在次行登记年末余额时，如果是借方余额，就应填入贷方发生额栏内，反之应记入借方，并在摘要栏处填明“结转下年”字样。同时在该行的下端，应加计借、贷各方的总计数，并在该行的摘要栏处填列“总计”两字，然后在“借或贷”栏内填“平”字，在余额栏的“元”位上填列“θ”符号，以表明账目已经结平。

年底结账的相关问题

会计的年终结账，通常是企业财务人员一年之中最繁忙的阶段。这需要企业会计人员在年末结账之前，对企业本年度的整体财务状况进行核实和确认。因为一旦封账，如果再改就会特别麻烦，所以在会计年末结账时有很多需要注意的问题。

有关发票的问题

对一些费用性的支出，按照所得税的相关规定，如果没有发票就不能税前扣除。因此在结账前，财务人员需要检查有无应该取得发票但还未取得发票的情况，如果有就需要催促相关人员索要发票。

对存货来说，当企业购进材料之后，如果货到票未到，并且事先没有对其进行暂估，那么在年底结账之前就必须要先估价入账，并督促相关人员尽快索要发票。估价入账是会计制度的要求，但估价入账的时间要合理，如果在所得税汇算清缴申报之前还没有取得发票，那么就应该在所得税汇算清缴申报时做出一定的纳税调整。

应防止已发生的成本费用跨年列支

企业发生的支出要按照权责发生制的原则进行入账，另外，当年的费用必须计入当年的损益。根据所得税法规定，能够税前扣除的，必须是事实上发生的与取得收入有关的、合理的支出。

因此在年底结账前，应该对所有预提、计提、待摊等费用项目进行清理，以防止企业已发生的成本费用出现遗漏，并防止造成跨年度费用入账的情况的发生，通常来说，应该尽量避免大额成本费用跨年度入账。此外，一些日常报销的差旅费等也可以实行跨年度入账，但要尽量合理，通常在出差回来之后及时报销。

各项往来账

财务人员要对本年度的应收、应付往来账项余额，与供应商或客户核对清楚，特别是长年往来交易额非常大的账项，应该对其在年底结账前的科目发生额及余额进行重点关注。对企业无法收回的应收账款，就应该被确定为坏账；而对企业不再支付的应付账款，在取得相关证据并经过内部审批后需要及时进行账务处理。

此外，还需重点关注在股东个人借款及员工借款中，是否有属于工资奖金、分红分配等方面的款项。如果存在长期未能收回的款项，则也要及时处理。

税费缴纳及账务处理情况

税务机关通常在稽查选案时，往往会从年度税负率出现异常的企业中进行甄选，因此企业要在年底结账前，总体计算一下自己的税负状况。财务人员首先应检查企业的税金缴纳是否及时、足额，有没有漏缴的款项，然后对年内的各项税费做一个总的分析，接下来再计算一下当年的税负状况，并与当地税务机关所规定的税负做进一步的比较，最终根据税务机关规定的税务进行一些适当的调整。

对于账务情况，要按照企业所选择执行的会计准则及会计制度，查看设置的会计科目和处理的账务方式是否正确。

结转本年利润

如果企业的本年利润为贷方余额，就说明企业在本年度盈利了，应对其进行分配，会计分录如下。

先将余额转到未分配利润。

借：本年利润

　　贷：利润分配——未分配利润

如果年初利润分配在借方，就说明企业在以前的年度处于亏损状态，需用本年度结转的利润予以弥补；如果弥补后的余额仍在借方，就说明企业还有亏损需留待以后年度弥补；如果结转本年利润后，利润分配余额在贷方，就需做如下会计分录。

按照利润总额的10%计提法定盈余公积。

借：利润分配——未分配利润

　　贷：盈余公积

根据公司情况自主决定是否计提任意盈余公积。

借：利润分配——未分配利润

　　贷：盈余公积

向股东分配利润。

借：利润分配——未分配利润

　　贷：应付股利

可以合并做以下分录。

借：利润分配——未分配利润

　　贷：利润分配——提取盈余公积

　　　　　　　　——应付股利

如果本年利润账户为借方余额，则表明企业在本年度经营结果为亏损，就应将期末余额直接结转到利润分配账户，留待以后年度予以弥补。

借：利润分配——未分配利润

　　贷：本年利润

分配股利

股利分配是公司向所有股东分派股利，也是企业利润分配的一部分，并且股利属于公司税后净利润分配。股利分配的方式，通常有现金股利、股票股利、财产股利等。

下面列举了分配现金股利的会计分录。

（1）经由股东大会或者类似机构决议，分配给股东或投资者的现金股利或者利润。

会计分录如下。

借：利润分配——应付现金股利或利润

　　贷：应付股利

（2）实际支付现金股利时的会计分录如下。

借：应付股利

　　贷：银行存款

错账的类型及查找方法

财务人员在对账的过程中，可能会出现各种各样的差错。产生差错的原因有很多，可能是重记、漏记、数字记错、数字颠倒、数字错位、科目记错或借贷方向记反等，发生这些差错会影响会计信息的正确性，因此一旦发现差错，财务人员就应及时查找并予以更正。

出现错账的几种类型

由于种种原因，记账时出现错误是在所难免的，但如果账簿记录发生了错误，就首先要判断出错账的类型，也就是出现错误的具体情况。归纳起来，通常错账有以下几种类型。

（1）记账凭证是正确的，但根据记账凭证登记账簿时却发生了错误。比如金额写错、方向写错、余额计算错误等情况。

（2）记账凭证本身就是错误的，而且已经根据错误的记账凭证登记入账。在这种情况下，通常又被划分出下列两种情况。

①记账凭证所用会计科目出现错误，或者记账的方向发生错误。例如本应该借记“银行存款”科目，却错借记为“库存现金”科目；本应是借记“银行存款”科目，却错贷记为“银行存款”科目等。

②记账凭证所用的会计科目与记账方向都没有出现错误，但金额却出现了错误。比如金额多记或者少记的情况。

此外还应注意：在登账前，如果发现原始凭证有错误或者记账凭证有错误，就不列入此处错账应更正的内容。

错账的查找方法之顺查法

顺查法，指的是沿着“制证→过账→结账→试算→编表”的顺账务处理程序，对账目从头到尾进行的一种普通检查，具体的检查步骤如下。

（1）将记账凭证同原始凭证进行核对，检查是否出现了制证错误。

（2）将记账凭证及所有原始凭证同账簿记录进行逐笔核对，以检查有无记账方面的错误。

（3）结算各账户的发生额以及期末余额，检查有没有计算方面的错误。

（4）检查试算平衡表上有没有抄写及计算方面的错误。

（5）检查会计报表有没有差错。

顺查法的优点是范围比较全，不容易出现遗漏的地方；但缺点是工作量非常大，前后持续的时间也比较长。

错账的查找方法之逆查法

逆查法，指的是沿着“编表→试算→结账→过账→制证”的逆账务处理程序，对账目从尾到头进行的一种普遍检查。具体的检查步骤如下。

（1）检查会计报表有没有差错。

（2）检查试算平衡表本身。其中包括：复核试算平衡表内的各栏金额合计数是否平衡；检查表内各账户的期初余额，再加、减本期发生额后是否等于期末余额；核对表内该账户的各栏是否出现抄错的情况。

（3）检查各账户的发生额以及余额计算是否正确。

（4）把记账凭证、原始凭证与账簿记录进行逐笔核对，检查记账是否出现错误。

（5）检查填制的记账凭证是否正确。

逆查法的优点、缺点同顺查法一样：优点为范围全面，不易遗漏；而缺点为工作量大，时间过长。

错账的查找方法之重点抽查法

重点抽查法，指的是在已经掌握初步情况的基础上，在账簿记录中有重点地抽取某些部分，对其进行局部检查的方法。比如对两个数据核对时，发现只是个位不同，而其余的数位都是相同的，则只需要检查元、角、分位数，而不需要对其他的数字逐一检查。

采用这种检查方法，可以缩小查找的范围。相对前面几种查找方法，这种方法比较省力且有效。因此重点抽查法的优点是范围小，比较节时省力；而缺点是差错可能难以发现。

错账的查找方法之偶合法

偶合法，指的是根据账簿记录错误中最为常见的规律，推测出错账的类型以及与错账有关的记录然后进行查账的方法。偶合法比较常用的方法有以下几种。

1. 差额检查法

这种方法是指直接从账账之间的差额数字，查找出错误的方法。比如，库存现金日记账的余额为57 800元，但库存现金总账的余额为57 000元，两者之间总共相差800元，这就可以直接按照账面的记录数进行查找。如果出现一方漏记的情况，就需要查找有没有1笔业务或者2笔业务之和的金额正好就是800元。如果只是一方重记的情况，就要看是否有两个数相同而且合计与这个差数（800元）相等。

2. 差额除二法

这种方法是指把账账之间的差额数字除以2，然后按照商数查找错误的方法，它通常适用于查找记反账时出现的错误。举例说明，库存商品期初为8 000元，验收入库2 000元，但财务人员记错了方向，导致库存商品期末余额只有6 000元，这与实际情况相差了4 000元。此时就可以用这个差额数字4 000除以2，得出的商数为2 000，于是就可以在账簿里查找有没有2 000元的业务记反账的情况。

3. 差额除九法

这种方法是将账账之间的差额数字除以9，然后根据商数分析、判断、查找错误的方法，通常适用于查找数字错位及邻数倒置引起的错误。

（1）数字错位指的是，在记账时把数字的位数记错。比如将“120”记成了“1 200”（由小变大）；或把“680”记成了“68”（由大变小）。出现了这种情况，就会让正确的数字缩小0.9倍或者扩大9倍，也就是说数字错位所造成的差额总数是“9”的倍数。如果是由小变大的情况，正确数与错误数之间的差额就是一个负数，而这个差额数除以9之后，得到的商数的绝对值就是正确的数字；而商数乘以10后，所得到的数的绝对值就是错写的数字。

比如，前面的“120”记成了“1 200”，导致差额数为“-1080”，除以9后，商数为-120，其绝对值“120”就是正确的数字；-120乘以10为-1 200，其绝对值就是错写的数字。

但如果是由大变小，正确数同错误数之间的差额就是一个正数，这个差额数除以9后，所得的商数就是记错的数字；把商数乘以10后，所得到的数即为正确的数字。

比如，前面把“680”记成了“68”，导致差额为612，除以9，商数为68，这就是错写的数字；而68乘以10为680，这就是正确的数字。因此，可以根据这个道理，寻找错误可能具体发生在哪个地方。

（2）邻数倒置，指的是在记账时将相邻的两个数互换位置。比如把“1 670”错记成“1 760”，或将“1 760”错记为“1 670”。当这两个数字互相颠倒后，就会出现两者之间的差额为9的倍数，如果是前小后大颠倒为前大后小，正确数同错误数之间的差额就是一个负数。这个差额数除以9后，所得到的商数的有效数字，就是相邻颠倒两数的差值。比如，前面把“1 670”错记成“1 760”，差额数-90除以9，商数为-10，有效数字就是-1，为相邻颠倒两数的差值（即6-7）。

如果是前大后小颠倒为前小后大，其正确数同错误数之间的差额就是一个正数。这个差额数除以9后，所得商数的有效数字即为相邻颠倒两数的差值。比如前面把“1 760”错记成“1 670”，差额数90除以9，商数为10，有效数字就是1，是相邻颠倒两数的差值（即7-6）。因此，通过这种方法就可以在差值相同的两个相邻数范围内，查找错误可能具体发生在什么地方。

如何修改会计账簿

当会计账簿出现错误时，不准通过对会计账簿进行涂改、挖补、刮擦或者使用药水来消除字迹，也不准重新抄写，而必须按照规定的方法对其进行更正。常用的错账更正法有3种，即画线更正法、红字更正法与补充登记法。

画线更正法

画线更正法适用的错误是：结账前就已经发现记账凭证填制无误，但是账簿记录时由于会计人员不慎出现笔误或者计算失误，导致账簿中的文字或数字出现错误。

具体的更正方法如下。

（1）出现文字错误时，只需在错误的文字中间画一道红线，然后在上方用蓝字书写正确的文字。

（2）出现数字错误时，需在错误的数字中间画一道红线（错误数字全部注销），然后在上方用蓝字书写正确的数字。

最后由记账人员在更正处签字或盖章。

红字更正法

红字更正法的适用范围如下。

（1）编制的记账凭证会计科目错误或者出现方向错误，导致账簿记录发生的错误。

修改方法：可先用红字填写一张和错误凭证相同的记账凭证，其中在“摘要”栏处，注明“冲销某月某日第×号记账凭证的错误”，并据此用红字登记入账，以冲销之前错误的记录。然后再用蓝字填写一张正确的记账凭证，并在摘要栏内注明“补记某月某日某号凭证”，并据此登记入账。

例如，某企业使用库存现金698元购买一些办公用品，会计人员在填制记账凭证时出现了错误，并且还按照错误的记账凭证登记了账簿。错误的会计分录如下。

借：管理费用　　　　　　　　698

　　贷：银行存款　　　　　　　698

使用红字更正法更正，首先要先编制一张和原错误记账凭证的内容完全相同，而且为红字的记账凭证。

借：管理费用　　　　　　　　698

　　贷：银行存款　　　　　　　698

然后再使用蓝字编制正确的记账凭证。

借：管理费用　　　　　　　　698

　　贷：库存现金　　　　　　　698

在编制会计分录后，按照上述记账凭证登记账簿。

（2）编制的记账凭证中会计科目与方向没有错误，但所记金额大于应记的金额，导致账簿记录发生错误。

修改方法：把多记的金额用红字填写一张和原凭证相同的记账凭证，在“摘要”栏处，注明“冲销某月某日第×号记账凭证多记金额”，并据此用红字金额登记入账，以冲销多记的金额。

例如，会计人员在填制记账凭证时，使用的会计科目与记账方向没有错误，却把金额“698元”误记为“898元”，并登记入账，这样错误的会计分录如下。

借：管理费用　　　　　　　　898

　　贷：库存现金　　　　　　　898

首先使用红字更正法编制一张将多记金额200元冲销的记账凭证，如下所示。

借：管理费用　　　　　　　　200

　　贷：库存现金　　　　　　　200

在编制会计分录后，按照上述记账凭证登记账簿。

补充登记法

适用范围：编制的记账凭证中的会计科目与方向没有错误，但所填写的金额小于应记的金额，导致账簿记录出现错误。

修改方法：把少记的金额用蓝字填写一张和原凭证相同的记账凭证，摘要栏注明“补记×月×日第×号凭证少记金额”并据此登记入账，以弥补少记的金额。

例如，会计人员在填制记账凭证时，使用的会计科目和记账方向没有错误，却把金额“698”误记为“689”，并登记入账，错误的会计分录如下。

借：管理费用　　689

　　贷：库存现金　　689

使用补充登记法编制记账凭证如下。

借：管理费用　　9

　　贷：库存现金　　9

在编制会计分录后，按照上述记账凭证登记账簿。

第七章

熟能生巧——处理货币资金账务

货币资金也被称为货币资产，它可以立即投入流通领域，即用来购买商品、劳务或偿还债务。货币资金是企业资产的重要组成部分，其流动性最强。而企业为了确保进行正常的生产经营活动，也必须拥有一定数量或比例的货币资金，以便完成购买材料、交纳税金、发放工资、支付利息及股利或进行投资等经济活动。因此，企业所拥有的货币资金量，是分析、判断企业的偿债及支付能力的重要指标。

货币资金的相关知识

货币资金指的是在企业的生产经营过程中，处于货币形态的那一部分资金。按照其形态及用途的不同，通常将货币资金分为库存现金、银行存款与其他货币资金。货币资金是企业中最为活跃的资金，具有很强的流动性，是重要的支付手段和流通手段，也是流动资产的审查重点。

货币资金的特点

货币资金可以立即投入流通，并用以购买企业所需的商品或劳务，也可以用来作为偿还债务的交换媒介物。所以在流动资产中，货币资金的流动性是最强的，并且是唯一可以直接转化为其他任何资产形态的流动性资产，也是唯一可以代表企业现实购买力水平的资产。货币资金的这些特点，决定了货币资金量是分析、判断企业的偿债及支付能力的重要指标。

货币资金还是企业从事的各种生产经营活动所必备的。因为只有保持一定量的货币资金，才能保证企业正常的生产经营活动，否则就会陷入困境之中，甚至导致破产。

但从另一方面来说，处于闲置状态的货币资金却是企业所持有的盈利能力最差的一种资源。因此，要最大限度地提高经营成果，企业就必须充分、有效地使用货币资金，使其保持一定的合理数量，避免货币资金出现过度的闲置。

此外，货币资金因为具有极强的流动性，可立即支付，账务处理简单等特性，所以就特别容易被非法挪用和侵吞。所以，企业要对此尤其重视。

管理货币资金的目标

（1）保持货币资金的安全性。企业应建立一整套良好的内部控制制度，以确保企业的库存现金安全，并预防被盗窃、诈骗及挪用。

（2）保持货币资金的完整性。需防止出现私设“小金库”等违法行为。

（3）保证货币资金的合法性。货币资金的取得及使用，必须符合国家法规，手续齐备。

（4）保证货币资金的效益性。合理调度、使用货币资金，使之能够发挥出最大的效益。

货币资金的内部控制环境

货币资金内部控制环境的好坏，可以直接决定企业内部的货币资金控制能否实施或者实施的效果，具体包括下列因素。

（1）建立货币资金业务的岗位责任制。这可以明确相关部门及岗位的职责权限，以确保在办理货币资金业务时的制约和监督。

（2）财务人员的职业道德及业务素质。在企业财务内部控制的各个环节中，每个岗位都应处在相互牵制之中。这是因为，如果其中任何一个岗位的工作出现了疏忽大意，就都可能导致控制失效。例如支票、印章等保管工作，应分别被不同的人保管，否则就可能导致一些携款潜逃案件的发生。

（3）内部审计。一套好的企业内部审计制度，有利于及时发现其内部控制的漏洞及薄弱环节。

对出纳人员的具体要求

出纳的工作主要包括处理日常货币资金的收支业务以及进行账务核算，具体包括以下几个方面。

（1）应做好现金收付的核算工作。出纳根据国家相关现金管理制度的规定，按照稽核人员审核签章的收付款凭证对其进行复核，并办理款项收付。

（2）应做好银行收付核算存款的工作。出纳根据银行《支付结算办法》中的各项规定，按照审核无误的收入及支出凭证对其进行复核，并办理银行存款的收付。

（3）应认真登记日记账，保证日清月结。出纳按照已经办理完毕的收付款凭证，对现金与银行存款日记账进行逐笔序时登记，并结出余额；银行存款的账面余额要同银行存款对账单及时核对，以保证账证、账账、账实相符；应经常同银行传递来的对账单进行核对，在月末还要编制银行存款余额调节表，使账面余额与对账单上的余额调节相符；对未到达的账款，要及时查询；要随时掌握银行存款的余额，不允许签发空头支票。

（4）应保管库存现金与有价证券。对现金及有价证券，要确保其安全及完整无缺；库存现金也不能超过银行核定的限额，超过的部分需要及时存入银行；不能用“白条”充抵现金，更不能任意挪用现金；当发现库存现金有短缺或者盈余的情况时，应查明具体的原因，并根据具体情况分别予以处理；不能私下取走或者补足现金，当发现有短缺现金的状况时，如果是由于自身原因而造成的，就应负赔偿责任；企业的保险柜密码、开户账号以及取款密码等，不能对外泄露，也不能随意转交他人。

（5）应妥善保管印章、登记注销支票。出纳人员要保管好印章，并严格按照规定的用途使用；签发支票时所需的各种印章，应交由多人分别保管，通常企业的财务专用章是由财务主管保管的；而对一些空白收据及空白支票，必须严格管理，还要专设登记簿进行登记，并认真办理领用注销手续。

（6）应仔细复核收入凭证，办理销售结算。出纳人员要认真审查销售业务的相关凭证，并严格按照销售合同与银行结算制度，及时办理、结算销售款项，及时催收销售货款；如果发生了销售纠纷、货款被拒付，就应通知相关部门对其进行及时处理。

库存现金的账务处理

库存现金是指企业为满足自身在经营过程中零星支付的需要，而应保留的现金。对库存现金进行一些必要的监督、盘点，即可确定库存现金的真实存在性以及库存现金管理的有效性。这对企业有效地执行内控制度起到了非常积极的作用。

现金结算的范围

按照国家的现金管理制度与结算制度的相关规定，允许企业使用现金结算的具体范围包括以下几点。

（1）员工的工资和津贴。

（2）支出个人劳务报酬。

（3）按照国家相关规定，支出颁发给个人的科学技术、文化艺术以及体育等各种奖金。

（4）各种劳保、福利费用以及按照国家规定的对个人的其他支出。

（5）向个人收购农副产品或其他物资的价款。

（6）因公出差人员必须随身携带的差旅费用。

（7）企业的零星支出。

（8）中国人民银行确定需要支付现金的其他支出。

上述支出均属于现金结算的范围，企业可以按照自身的需要从银行提取所需现金。但不属于上述现金结算范围的其他款项支付，就要通过银行进行转账结算。

企业现金的管理制度

国家对企业的现金管理，制定出了非常严格的制度。企业在办理相关现金收支业务的时候，必须遵守下列规定。

（1）企业现金收入在当日送存至开户银行。如果在当日送存有困难，则由开户银行另行规定其送存的时间。

（2）企业从开户银行提取现金时，要写明具体的用途，并由企业财会部门的负责人签章，经由开户银行审核后，再予以支付现金。

（3）企业由于采购地点不固定、交通不便或其他特殊情况而必须使用现金时，就应向开户银行提出申请，经由开户银行审核后，再予以支付现金。

（4）企业不能使用不符合财务制度的凭证顶替库存现金，即不得使用"白条顶库"；不准谎报用途套取现金；不准使用银行账户代其他单位及个人存入或者支取现金；不准将单位收入的现金用个人的名义存储；账外不准保留公款；不准私自设置"小金库"等。

禁止现金坐支及控制库存限额

企业在具体的经营活动中，常会发生一些现金收入，比如收取一些不足转账起点金额的销售收入，销售给一些不能通过转账的集体或者个人的销货款，或差旅费剩余款等。企业的现金收入，应当及时送存银行，不准直接用于支付经营期间产生的支出。

如果企业因为一些特殊情况而需要坐支现金，就需要事先报经开户银行进行审查和批准，并由其核定具体的坐支范围及限额。企业还要定期向开户银行报送有关坐支金额及使用情况。企业未经银行批准，不准擅自坐支现金。

库存现金限额指的是为了保证各企业日常零星支出，按照规定允许留存的现金的最高数额，它是由开户银行按照开户单位的实际需要及距离银行的远近等情况而核定的。其限额通常按照单位3～5天的日常零星开支所需的现金确定。如果企业远离银行且交通不便，则银行可最多按照企业15天的正常开支需要量，核定企业库存现金的限额。

正常开支需要量不包括企业每月发放的工资及不定期差旅费等大额现金支出。库存限额一经核定之后，企业就必须严格遵守，不能任意超过库存限额。超过限额的现金要及时存入银行；而当库存现金低于限额时，就可以签发现金支票从银行提取现金，以补足限额。

现金短缺或溢余时的财务核算

（1）查明原因之前的账务处理：在每日结算现金收支并进行财产清查时，如果发现了有待查明原因的现金短缺或者溢余，就要进行相关的账务处理。

对于属于现金短缺的，要借记“待处理财产损益——待处理流动资产损益”科目，及贷记“库存现金”科目；如果属于现金溢余则应做出相反的会计分录，也就是借记“库存现金”科目，贷记“待处理财产损益——待处理流动资产损益”科目。

（2）现金短缺查明原因之后的账务处理：凡是属于应由责任人负债赔偿的部分，需借记“其他应收款——应收现金短缺款（某某个人）”，贷记“待处理财产损益——待处理流动资产损益”科目；凡是属于应由保险公司负责赔偿的部分，需借记“其他应收款——应收保险赔款”科目，贷记“待处理财产损益——待处理流动资产损益”科目；凡是属于无法查明具体原因的部分，需借记“管理费用——现金短缺”科目，贷记“待处理财产损益——待处理流动资产损益”科目。

（3）现金溢余查明原因之后的账务处理：凡是属于应支付给相关人员或单位的，需借记“待处理财产损益——待处理流动资产损益”科目，贷记“其他应付款——应付现金溢余”科目；凡属于无法查明具体原因的，需借记“待处理财产损益——待处理流动资产损益”科目，贷记“营业外收入现金溢余”科目。

现金支出的日常账务处理实例

出纳按照当日审核无误的原始凭证办理收付手续，并根据《企业会计准则》的要求编制具体的会计分录，完成记账凭证，并据此登记现金日记账。

【例】某公司2015年7月30日“库存现金”的账户余额为7 600元，库存限额为10 000元，当日发生如下现金收支业务。

（1）领导已经审批的工资表显示，7月份的工资为78 000元，需开出现金支票向银行提现，应编制的会计分录如下。

借：库存现金　　　　　　78 000

　　贷：银行存款　　　　78 000

（2）开出现金支票5 600元，以补足库存限额并作为备用金，应编制的会计分录如下。

借：库存现金　　　　　　　　5 600

　　贷：银行存款　　　　　　5 600

（3）发放7月份工资78 000元：管理人员工资14 000元，生产车间管理人员6 000元，生产工人工资42 000元，销售人员工资16 000元。应编制的会计分录如下。

借：管理费用　　　　　　　　14 000

　　制造费用　　　　　　　　6 000

　　生产成本　　　　　　　　42 000

　　销售费用　　　　　　　　16 000

　　贷：库存现金　　　　　　78 000

（4）收回贷款1 000元，7月份已开具发票并已发货。应编制的会计分录如下。

借：库存现金　　　　　　　　1 000

　　贷：应收账款　　　　　　1 000

（5）职工王华因公出差，预借差旅费3 000元，预计5天后返回。应编制的会计分录如下。

借：其他应收款——王华　　　3 000

　　贷：库存现金　　　　　　3 000

（6）支付办公室7月份水费、电费570元。应编制的会计分录如下。

借：管理费用　　　　　　　　570

　　贷：库存现金　　　　　　570

（7）支付职工李强的工伤医疗费用980元。应编制的会计分录如下。

借：应付职工薪酬——医疗费　　980

　　贷：库存现金　　　　　　980

（8）退回上个月预收某单位的包装物押金1 000元。应编制的会计分录如下。

借：其他应付款　　　　　　　1 000

　　贷：库存现金　　　　　　1 000

（9）生产部门开始实行定额备用金制，领取现金5 000元。应编制的会计分录如下。

借：其他应收款——生产部门备用金　　5 000

　　贷：库存现金　　5 000

（10）出售办公室杂物，获取现金300元。应编制的会计分录如下。

借：库存现金　　300

　　贷：管理费用　　300

（11）销售库存货物，金额为10 000元，增值税税额为1 700元，货款已收并发货完毕。应编制的会计分录如下。

借：库存现金　　11 170

　　贷：主营业务收入　　10 000

　　　　应交税费——应交增值税（销项税额）　　1 700

（12）车间购买了一些办公用品，支付现金款项400元。应编制的会计分录如下。

借：制造费用　　400

　　贷：库存现金　　400

（13）王华出差归来后，报销差旅费3 500元，其中火车票1 400元，市内交通费700元，住宿费4天共1 000元，伙食补助每天30元计120元，邮电费80元，行李运费200元。经单位相关领导审批后再补付王华差旅费现金500元。应编制的会计分录如下。

借：管理费用——差旅费　　3 500

　　贷：库存现金　　500

　　　　其他应收款——王华　　3 000

备用金的账务处理

备用金是指为满足企业内部各部门以及职工个人生产经营活动的需要，而暂时付给有关部门与人员使用的现金。备用金可通过“其他应收款——备用金”进行核算，也可单独设置一个“备用金”科目。此外，借方应登记备用金的领用数额，而贷方登记备用金的使用数额，余额也在借方，用来表示暂付周转使用的备用金数额。

在定额情况下备用金的账务处理

备用金的管理，通常采用定额管理与非定额（一次性）管理这两种方式。定额管理指财务部门对经常需要使用备用金的部门核定其备用金定额，并按核定好的定额付备用金。在使用定额备用金后进行报销时，财务部门就会按照核准的报销金额付给现金，以补足备用金。

其核算过程如下。

按照定额拨付备用金。

借：其他应收款——备用金

　　贷：库存现金

在先使用后报销时应按照花多少补多少的原则，花掉的费用计入成本费用，而“补”是指用现金补足花掉的费用。

【例】某企业员工经单位领导审批通过后，总共报销办公用品费共计2 630元，出纳用现金补足了其定额备用金，并在发票上加盖了“现金付讫”章。编制的会计分录如下。

借：管理费用　　　　　　　　　　　2 630

　　贷：库存现金　　　　　　　　　2 630

而在具体的实际工作中，还应附上购买物品之前的请购单、报销时的报销单及发票。在请购单和报销单中，还需要有相关领导及经手人的签字。此外，在定额管理方式下，不涉及其他应收款，无论花费多少，都只涉及这两个账户，即花多少补多少。

非定额情况下的账务处理

非定额管理是指财务部门按照企业内部某部门或者某个人的实际需要，一次付给其所需的现金。在使用过后，使用者需持有关原始凭证进行报销，报销时财会部门应按照所付款项及应报销的金额进行清算，如果有余款则应全部收回，但如果金额不足则应补足其差额。

核算过程如下。

（1）按照实际数额拨付备用金，应编制的会计分录如下。

借：其他应收款——备用金（××）

　　贷：库存现金

（2）在先使用后报销时依据实报实销、多退少补的原则，应编制的会计分录如下。

借：管理费用（销售费用等）

　　库存现金（原借有余额，由经办人员退回的现金）

　　贷：其他应收款——备用金（××）

会计分录也可以如下所示。

借：管理费用（销售费用等）

　　贷：其他应收款——备用金（××）

　　　　库存现金（原借数额少，需补给经办人员的现金）

【例】某企业员工因公出差，经单位领导审批同意之后，需报销差旅费1 560元，冲销上月预支款1 600元，余款40元缴回现金。应编制的会计分录如下。

借：库存现金　　　　　　　　　　　40

　　管理费用——差旅费　　　　　　1 560

　　贷：其他应收款——××　　　　　1 600

但如果实际发生的差旅费为1 620元，则会计分录如下。

借：管理费用——差旅费　　1 620

　贷：其他应收款——××　　1 600

　　库存现金　　20

在非定额管理的方式下，原借款应全部予以冲掉，即票是多少，费用就是多少；如果钱没花完则出纳收回，如果钱超过借支的数额则应再给员工补上。此外，实行定额管理的“备用金”科目，其金额在平时不做变动，只有在企业改变备用金的定额时才做出变动。

备用金的预借与保管

1. 备用金的领用

企业内部人员需要领用备用金时，通常是由经办人填写借款单据。借款单据通常采用一式三联式凭证：第一联是付款凭证，可作为财务部门的记账依据；第二联是结算凭证，由出纳人员在借款期间留存，在报销时可作为核对依据，报销之后应随同报销单据作为记账凭证的附件；第三联需交借款人员保存，在报销时由出纳人员签字后，作为及时交回财务借款的收据。

2. 备用金的保管

出纳人员在管理备用金的收支时，可设置一个“备用金”账户，并且编制“收、支日报表”，及时反映备用金的支出情况，然后交由财务主管审查；备用金账户应该做到逐月结清；出纳人员要妥善保管各种与备用金相关的各种票据；无论采用哪种方式管理备用金，都要严格遵守备用金的预借、使用及报销的手续制度。

银行存款的账务处理

银行存款指的是企业存放在银行的货币资金。根据国家现金管理及结算制度的相关规定，每个企业都必须在银行开立账户，以便用于办理存款、取款与转账结算。银行存款账户通常分为基本存款账户、一般存款账户、临时存款账户与专用存款账户。

熟悉银行存款的一些结算方式

（1）银行汇票。银行汇票的特点是使用灵活、票随人到和兑现性强，比较适合先收款后发货或者钱货两清的商品交易。此外，企业及个人用于各种款项的结算，也都可以使用银行汇票。

（2）银行本票。银行本票需要银行签发，并给收款人或持票人承诺无条件支付已经确定金额的票据。由于是银行签发的，因此见票即付，其特点为信誉高、支付功能强。

（3）承兑汇票。商业承兑汇票是指由银行以外的付款人为其承兑。这种汇票按照交易双方的共同约定，由销货企业或者购货企业签发，但由购货企业为其承兑。而银行承兑汇票是由银行承兑的，并由在承兑银行开立存款账户的存款人签发。

（4）支票。支票是由单位或者个人签发，并委托办理支票存款业务的银行，在见票时应无条件支付已确定的金额给收款人或持票人的票据。

（5）信用卡。信用卡指的是商业银行向个人或单位发行的，用于购物、消费及向银行存取现金，而且具有消费信用的卡片。

（6）汇兑。汇兑是汇款人委托给银行，并将其具体款项支付给收款人的一种结算方式，通常分为信汇和电汇两种。

（7）委托收款。委托收款指的是收款人委托银行，向付款人收取款项的一种结算方式。企业可凭借已承兑商业汇票、债券、存单等付款人债务，证明及办理收取同城或者异地款项。

（8）托收承付。托收承付是指按照购销合同，由收款人发货以后委托银行向异地付款人收取款项，并由付款人向银行承诺付款的一种结算方式。

（9）信用证。经由中国人民银行批准且具有经营结算业务的商业银行总行，或者经由商业银行总行批准，具有开办信用证结算业务的分支机构，也可以为国内企业之间商品交易的信用证办理结算业务。

银行存款的控制制度

企业银行存款的内部控制，与企业现金管理制度基本相同，但也有一些特别的要求。具体要求如下。

（1）印鉴分管。它指的是在银行存款管理中分离不相容的职务，比如支票保管职务应同印章保管职务互相分离，银行存款总账应同明细账登记互相分离，以保障银行存款安全。

（2）凭证监管。收付银行存款要使用银行统一规定格式的结算凭证。所以，汇票、本票、银行支票及商业汇票、电汇凭证等企业非常重要的结算凭证都应为连续编号，出纳人员也应按照顺序使用，并按时登记相关的备查簿，并由专人负责保管、填制。

（3）定期对账。由于所有的银行收支业务，都会反映在银行提供的对账单上，因此出纳人员必须经常同银行核对账目，并及时调整相关的未达账的事宜。当发现收支异常的情况时，就要立即查清，以避免损失。这是为了保证账账相符，并保证会计资料的正确性、可靠性。

银行存款科目的核算

银行存款科目的借方应反映银行存款的增加额，而贷方要反映银行存款的减少额，期末借方余额还应反映出企业的存款余额。

出纳按照开户银行和其他金融机构、存款种类等分别设置“银行存款日记账”，并单独对其进行反映。然后再根据审核无误的记账凭证，按照企业经济业务发生的先后顺序进行逐笔登记，在每日结出余额。银行存款日记账还应每个月与银行对账单核对一次。

在月末时，如果发现单位账面结余同银行对账单余额之间有差额，就要逐笔查明具体的原因并对其进行处理，然后按照月编制“银行存款余额调节表”并与其调节相符。在每个月末查账时，银行存款日记账的余额要同银行存款总账的余额保持一致。

拥有外币存款的企业，应在“银行存款”总账科目下，分别对人民币与各种外币设置明细分类账户并进行核算。企业在有外币业务发生时，还应把有关的外币金额折合成人民币记账。

此外，所有同外币业务有关的账户，都应采用业务发生时的汇率或外币业务发生当期期初的汇率折合。在期末时，需将期末汇率折合的人民币金额同原账面上人民币金额之间的差额作为汇兑损益，并分别计入当期财务费用、长期待摊费用或对其予以资本化处理。

由购入外汇或者不同的外币兑换，而产生的银行买入价、卖出价与折合汇率之间的差额，应计入当期财务费用。

银行存款的账务处理实例

出纳应先按照审核无误的原始凭证办理银行存款收付业务，然后再分析企业的业务内容与经济性质，并正确编制会计分录，填写有关记账凭证，最终做好银行存款的账务处理。

【例】2015年6月，某企业的存款余额为250 000元，6月经济业务如下。

（1）6月1日，从银行提取60 000元，用于发放工人工资。应编制的会计分录如下。

借：应付职工薪酬　　　　60 000
　　贷：银行存款　　　　60 000

（2）6月2日，把超出库存限额的现金19 000元送存银行。应编制的会计分录如下。

借：银行存款　　　　19 000
　　贷：库存现金　　　　19 000

（3）6月5日，因采购需要开立外地账户，从银行汇款100 000元。应编制的会计分录如下。

借：其他货币资金——外埠存款　　100 000

　贷：银行存款　　100 000

（4）采购人员用外埠存款采购了一批原材料，货款为80 000元，增值税税额为13 600元。应编制的会计分录如下。

借：材料采购　　80 000

　应交税费——应交增值税（进项税额）　　13 600

　贷：其他货币资金——外埠存款　　93 600

（5）6月15日，采购专户多余款项5 600元退回银行。应编制的会计分录如下。

借：银行存款　　5 600

　贷：其他货币资金——外埠存款　　5 600

（6）6月16日，开立信用卡，从银行转账30 000元备用。应编制的会计分录如下。

借：其他货币资金——信用卡　　30 000

　贷：银行存款　　30 000

（7）6月18日，购买办公用品，金额为2 300元，已用信用卡支付。应编制的会计分录如下。

借：管理费用——办公费　　2 300

　贷：其他货币资金——信用卡　　2 300

（8）6月19日，银行收到汇款234 000元，其中货款200 000元，增值税税额为34 000元。应编制的会计分录如下。

借：银行存款　　234 000

　贷：主营业务收入　　200 000

　　应交税费——应交增值税（销项税额）　　34 000

（9）6月20日，收到无息商业汇票到期收回款项，金额为85 500元。应编制的会计分录如下。

借：银行存款　　85 500

　贷：应收票据　　85 500

（10）6月20日，支付5月份应交增值税税额为75 000元，城市维护建设税5 670元，教育费附加3 060元。应编制的会计分录如下。

借：应交税费——未交增值税　　75 000

——应交城市维护建设税　　5 670

——应交教育费附加　　3 060

贷：银行存款　　83 730

（11）6月21日，收回5月份销售货款45 100元。应编制的会计分录如下。

借：银行存款　　45 100

贷：应收账款　　45 100

（12）6月22日，支付用于购买设备的价款及运费50 000元。应编制的会计分录如下。

借：固定资产　　50 000

贷：银行存款　　50 000

（13）6月24日，支付仓库5月份租金6 000元。应编制的会计分录如下。

借：销售费用　　6 000

贷：银行存款　　6 000

（14）6月25日，购买一批包装物，金额是6 000元。应编制的会计分录如下。

借：制造费用　　6 000

贷：银行存款　　6 000

（15）6月26日，为产品宣传的广告费支付30 000元。应编制的会计分录如下。

借：销售费用　　30 000

贷：银行存款　　30 000

其他货币资金的账务处理

其他货币资金指的是，企业除了库存现金与银行存款之外的其他货币资金，也就是存放地点及用途均同现金和银行存款不同的货币资金。

其他货币资金的具体分类

（1）外埠存款。外埠存款指的是企业到外地临时或者零星采购一些物品时，汇往采购地银行而开立采购专户的款项。

（2）银行汇票存款。银行汇票存款是企业为了取得银行汇票，根据相关规定而存入银行的款项。企业需向银行提交“银行汇票委托书”，并把款项交存给开户银行。

（3）银行本票存款。银行本票存款是企业为了取得银行本票，根据相关规定存入银行的款项。企业需向银行提交“银行本票申请书”，并把款项交存银行，以取得银行本票。

（4）信用证保证金存款。信用证保证金存款指的是采用信用证结算方式的企业，为了能够开具信用证，而存入银行信用证保证金专户的款项。

（5）信用卡存款。信用卡存款指的是企业为了取得信用卡，而存入银行信用卡专户的款项。

（6）存出投资款。存出投资款指的是企业已经存入证券公司，但还未进行短期投资的现金。

（7）在途货币资金。在途货币资金指的是企业与所属单位之间以及上下级之间的汇、解款项业务中，到月终时还未到账的汇入款项。

其他货币资金的会计核算

财务人员在为其他货币资金设账时，可采用：其他货币资金——外埠存款、其他货币资金——银行汇票、其他货币资金——银行本票、其他货币资金——信用证、其他货币资金——信用卡、其他货币资金——存出投资款等方式。

1. **外埠存款**

在外埠存款中，采购资金存款不需要计存利息，除了采购员的差旅费可以使用库存现金少量支取以外，其余一律转账。此外，采购专户应只付不收，等到付完之后再结束账户。

企业把款项委托给当地银行，并汇往采购地开立专户时的会计分录如下。

借：其他货币资金——外埠存款

　　贷：银行存款

企业收到采购员交来的发票、账单等报销凭证时，应当做出以下会计分录。

借：材料采购（或原材料、在途物资）

　　应交税费——应交增值税（进项税额）

　　贷：其他货币资金——外埠存款

采购地银行把多余的款项转回到当地银行进行结算时的会计分录如下。

借：银行存款

　　贷：其他货币资金——外埠存款

2. **银行汇票存款**

当企业取得银行汇票之后，按照银行盖章退回的委托书存根联，需做如下会计分录。

借：其他货币资金——银行汇票

　　贷：银行存款

企业使用银行汇票与销货单位结算购货款时的会计分录如下。

借：材料采购（或原材料、在途物资）

　　应交税费——应交增值税（进项税额）

　　贷：其他货币资金——银行汇票

有多余的款项退回时的会计分录如下。

借：银行存款

　　贷：其他货币资金——银行汇票

3. 存出投资款

存出投资款时的会计分录如下。

借：其他货币资金——存出投资款

　　贷：银行存款

用存出投资款购入金融资产时的会计分录如下。

借：交易性金融资产

　　贷：其他货币资金——存出投资款

其他货币资金的账务实例

某企业想要委托一家证券公司从深圳证券交易所购入一批X上市公司股票，企业首先在该公司以企业名义，开立了证券资金户头并且存入了1 000万元。

需编制的会计分录如下。

借：其他货币资金——存出投资款　　10 000 000

　　贷：银行存款　　10 000 000

随后，这家证券公司立即从深圳证券交易所，购入了X上市公司50万股股票，总价是800万元，并把它划分为交易性金融资产。

需编制的会计分录如下。

借：交易性金融资产　　8 000 000

　　贷：其他货币资金——存出投资款　　8 000 000

随后，企业又把多余的资金转回到了原开户银行。

需编制的会计分录如下。

借：银行存款　　2 000 000

　　贷：其他货币资金——存出投资款　　2 000 000

后来，企业又向某慈善机构捐赠了50 000元现金。

需编制的会计分录如下。

借：营业外支出　　50 000

　　贷：库存现金　　50 000

第八章
得心应手——应对往来业务的账务

往来就是企业与客户、供应商或个人之间发生的经济业务关系。而往来业务是指发生的上述业务关系为企业带来的债权或者债务业务。通常把债权称为应收账款，而债务则被称为应付账款。具体的往来科目主要有：应收账款、应收票据、其他应收款、应付账款、应付票据、其他应付款等。

应收账款的相关内容

应收账款是指企业由于销售商品、产品或提供劳务等，应该向购买商品或接受劳务的客户收取的款项，其中包括买价、增值税款以及代购货单位垫付的包装费、运杂费等。通常来说，应收账款就是企业在赊销或赊账情况下提供劳务而产生出来的债权。

应收账款的确认和初始计量

按照新《会计准则》，当企业因销售商品或提供劳务等成为合同的一方时，就应该被确认金融资产或金融负债，也就是实际上拥有了债权，即应收款项。另外，如果货币的时间价值对应收金额的影响特别大，则有必要把它进行折现，以确定应收款项的具体入账价值。

【例】A公司于2015年1月24日出售给乙公司一批商品，不含税的销售价款是2 000万元。双方经协商约定，价款需要在12个月内进行分期支付。由于货币的时间价值，所以在确认因商品销售而形成的应收款项时，就要将其进行折现，假定2 000万元的现值为1 950万元。但如果考虑债权金额的完整性，则在账务处理上仍然将其在期末资产负债表上复原为现值。

具体的会计分录如下。

借：应收账款　　　　　　20 000 000

　　贷：主营业务收入　　　　19 500 000

　　　　未确认融资收益　　　500 000

但在12月31日时，资产负债表上A公司在该项的应收账款的列示金额，应该按照下列方法计算。

应收账款列示金额=2 000-（未确认融资收益初始入账金额50-至

本期末已按实际利率法摊销的未确认融资收益10）=1 960（万元）

其中10万元为假定的已摊销数。

应收账款的后续计量

应收账款的后续计量，主要涉及资产负债表上的列示金额。按照新《会计准则》，应收账款期末应该按照摊余成本计量，也就是按照摊余成本在报表上列示。其计算公式如下。

应收账款摊余成本=应收账款未折现金额-应收账款未折现金额与折现金额之间的差额累计摊销额-应收账款已收回金额（如果附息则还包括已收取的利息）-已确认的应收账款减值损失

【例】A公司在2015年12月1日，确认了应收账款2 000万元（现值为1 900万元），该应收账款具有付息性质，年息12%。

会计分录如下。

借：应收账款　　20 000 000

　贷：主营业务收入　　19 000 000

　未确认融资收益　　1 000 000

2015年12月31日，假设收取利息2万元，收取本金1 000万元，已经确认的实际利息2.5万元，发生减值损失5万元。应编制的会计分录如下。

借：应收利息　　20 000

　未确认融资收益　　5 000

　贷：财务费用　　25 000

借：银行存款　　10 020 000

　贷：应收利息　　20 000

　　应收账款　　10 000 000

借：资产减值损失　　50 000

　贷：坏账准备　　50 000

2015年末的摊余成本＝2 000−100+0.5−1 000−5＝895.5（万元）

附有销售折扣条件的核算

1. 附有商业折扣条件的核算

商业折扣是指企业为了扩大销售、占领市场，就从商品价目单上规定的价格中扣减一定的数额。商业折扣是企业最常用的促销手段，通常以百分数表示，比如15%、20%、25%等，也就是说，扣减以后的净额才是事实上的销售价格。因为商业折扣通常在交易发生时就已经确定好了，折扣只是一种手段，也没有反映在买卖双方的任何一方的账上。因此，商业折扣对应收账款中入账金额的确认，并没有实质性的影响。

2. 附有现金折扣条件的核算

现金折扣指的是企业为了鼓励客户在一定时期内，能够尽早偿还货款而为其提供的一种折扣优待，通常发生在以赊销的方式销售商品以及提供劳务的交易中。现金折扣可用“折扣/付款期限”表示，比如2/10、1/20、*N*/30等，含义是在10天内付款折扣为2%；在20天内付款折扣为1%；在30天内付款，则不给折扣，即全价付款。应收账款入账金额的确认，在现金折扣的情况下有总价法和净价法这两种处理方式。

总价法是把未减去现金折扣前的金额作为实际的售价，应该被记作应收账款的入账金额。但只有客户在折扣期内进行支付货款时，现金折扣才会被确认。 而净价法是把扣减现金折扣之后的金额作为实际售价，并以此记作应收账款的入账金额。目前，在我国的会计实务中经常采用的是总价法。

应收账款核算及账务处理

当企业出现应收账款时，应该按照应收金额，借记“应收账款”科目，按照企业完成的营业收入，贷记“主营业务收入”“其他业务收入”等科目，并按照专用发票上注明的增值税额，贷记“应交税费——应交增值税（销项税额）”科目。下面列举一下在不同情况下的账务处理。

1. 不附加任何条件的核算

【例】某企业销售了一批产品，价值是80 000元，增值税率为17%，代购货单位已经垫付了各种运杂费2 000元，现已办妥委托银行收款手续。

会计分录如下。

借：应收账款　　　　　　　　　　95 600

贷：主营业务收入　　80 000

应交税费——应交增值税（销项税额）　　13 600

银行存款　　2 000

收到货款以及代垫费用时的会计分录如下。

借：银行存款　　95 600

贷：应收账款　　95 600

2. 有商业折扣时的核算

【例】某公司销售了一批产品，按照价目表标明的价格计算，金额是40 000元，因为是成批销售，销货方给购货方提供了10%的商业折扣，金额是4 000元，所以销货方应收账款的入账金额是36 000元，增值税率为17%，可编制下列会计分录。

销售产品时的会计分录如下。

借：应收账款　　42 120

贷：主营业务收入　　36 000

应交税费——应交增值税（销项税额）　　6 120

收到货款时的会计分录如下。

借：银行存款　　42 120

贷：应收账款　　42 120

3. 附有现金折扣的核算

【例】某公司销售给H公司一批产品，价值为50 000元，现金折扣条件是2/10、1/20、*N*/30，适用的增值税率为17%，产品交付完毕并办妥了托收手续。现编制会计分录如下。

销售产品时的会计分录如下。

借：应收账款　　58 500

贷：主营业务收入　　50 000

应交税费——应交增值税（销项税额）　　8 500

如果销售货款在10天之内收到，则会计分录如下。

借：银行存款　　57 500

财务费用　　1 000

贷：应收账款　　58 500

如果销售货款在20天之内收到，则会计分录如下。

借：银行存款　　58 000

财务费用　　500

贷：应收账款　　58 500

如果超过了现金折扣的最后期限，收到货款，则编制会计分录如下。

借：银行存款　　58 500

贷：应收账款　　58 500

4. 附有销售折让条件的核算

【例】A公司2015年10月23日销售了一批商品，售价是80 000元，增值税为13 600元，该批产品的成本是70 000元。但货到之后，对方发现商品质量同合同上的要求有不一致的地方，就要求给予价款5%的折让，A公司同意了给对方折让。为此，A公司做出的会计分录如下。

10月23日销售商品实现时的会计分录如下。

借：应收账款　　93 600

贷：主营业务收入　　80 000

应交税费——应交增值税（销项税额）　　13 600

借：主营业务成本　　70 000

贷：库存商品　　70 000

发生销售折让时的会计分录如下。

借：主营业务收入　　4 000

应交税费——应交增值税（销项税额）　　680

贷：应收账款　　4 680

实际收款时的会计分录如下。

借：银行存款　　89 600

贷：应收账款　　89 600

坏账损失的账务处理

坏账损失是指企业不能收回的各种应收款项。坏账损失通常采用备抵法来核算。备抵法是指在坏账发生前，依据权责发生制原则估计损失，并同时形成坏账准备，待坏账损失真正发生时再冲减坏账准备。

估计坏账损失的方法

1. 年末余额百分比法

坏账百分比法是按照年末应收账款余额的一定百分比，估计坏账损失的方法，这往往是由企业按照以往的资料或者经验自行确定的。具体的计算公式如下。

（1）首次计提坏账准备的计算公式：

当期应计提的坏账准备=期末应收账款余额×坏账准备计提百分比

（2）以后计提坏账准备的计算公式：

当期应计提的坏账准备=当期按应收账款计算应计提的坏账准备金额+（-）坏账准备账户借方（贷方）余额

2. 账龄分析法

账龄分析法是按照应收账款账龄的长短估算坏账损失的方法。在通常情况下，应收账款的账龄时间越长，发生坏账的可能性也就越大。因此，就可把企业的应收账款按照账龄的长短进行分组，然后按照不同的计提百分比估算坏账损失，这样做会让坏账损失的计算结果更符合客观情况。具体的计算公式如下所示。

（1）首次计提坏账准备的计算公式：

当期应计提的坏账准备=∑（期末各账龄组应收账款余额×各账龄组坏账准备计提百分比）

（2）以后计提坏账准备的计算公式：

当期应计提的坏账准备=当期按应收账款计算应计提的坏账准备金额+（-）坏账准备账户借方余额（或者贷方余额）

3. 销货百分比法

销货百分比法是按照企业销售总额的一定百分比，估计坏账损失的方法。可按照本企业以往实际发生的坏账同销售总额的关系，然后再结合生产经营同销售政策变动情况测定百分比。在具体的实际操作中，企业也可以按照赊销百分比估算坏账损失，具体的计算公式如下所示。

当期应计提的坏账准备=本期销售总额（或赊销额）×坏账准备计提比例

从这个计算公式中看出，在采用销货百分比法决定各年度应提的坏账准备金额时，并不需要考虑之前坏账准备账户上已有的余额。以利润表的观点来看，因为这种方法主要是按照当期利润表上的销货收入数字，估算当期的坏账损失，所以坏账费用同销货收入能够非常好地配合，也特别符合配比的概念。但是，在计提坏账时未能考虑到坏账准备账户之前原有的余额，如果用往年度出现的坏账损失估算错误的情况，就不能自动更正，而资产负债表上的应收账款净额，也就不一定能够正确反映其变现的价值。所以，在采用销货百分比法时还要定期地评估坏账准备是否适当，并及时做出一定的调整，以便能够更加合理地反映企业的财务状况。

坏账损失的账务处理实例

（1）某企业2015年估算坏账损失为6 000元，会计分录如下。

借：资产减值损失　　　　　　　　6 000

　　贷：坏账准备　　　　　　　　6 000

（2）2015年9月24日，企业相关部门确认，对A客户应计提的坏账损失为5 000元，会计分录如下。

借：坏账准备　　　　　　　　　　5 000

　　贷：应收账款——乙客户　　　5 000

（3）2015年10月14日，曾经确认的上述A客户的5 000元的应收账款现已收回，应做会计分录如下。

借：应收账款——A客户　　　　5 000

　　贷：坏账准备　　　　5 000

借：银行存款　　　　5 000

　　贷：应收账款——A客户　　　　5 000

（4）2011年年初，某企业的“坏账准备”科目贷方余额是60 000元。2011年年末，应收账款的余额是14 000 000元，应提取的坏账准备是70 000元。2012年5月，发生了坏账损失87 000元；2012年年末，应收账款余额是8 000 000元，应计提的坏账准备是40 000元。2013年年末，应收账款余额是6 000 000元，应计提的坏账准备是30 000元。（估算计提坏账准备的比例是5‰。）

2011年年末，估算的坏账损失是70 000元，而在调整前“坏账准备”科目贷方余额是60 000元。因此，本期应计提的坏账准备数额是10 000（70 000-60 000）元，会计分录如下。

借：资产减值损失　　　　10 000

　　贷：坏账准备　　　　10 000

2012年5月发生坏账损失时的会计分录如下。

借：坏账准备　　　　87 000

　　贷：应收账款　　　　87 000

2012年年末，估算的坏账损失是40 000元，在调整前“坏账准备”科目借方余额是17 000元（87 000-70 000）。本期应计提的坏账准备数额是57 000元（40 000+17 000）。会计分录如下。

借：资产减值损失　　　　57 000

　　贷：坏账准备　　　　57 000

2013年年末，估计的坏账损失数额是30 000元，调整前“坏账准备”科目贷方余额是40 000元。本期应冲销的坏账准备数额是10 000元（40 000－30 000）。会计分录如下。

借：坏账准备　　　　10 000

　　贷：资产减值损失　　　　10 000

应收票据的账务处理

应收票据指的是企业持有的未到期或者未兑现的商业票据。应收票据既是一种流通证券，也是一种债权凭证。上面载有一定的付款日期、付款地点、付款金额及付款人，它既可以无条件支付，也可以由持票人自由地转让给其他人。

应收票据的分类

在我国，应收票据通常指商业汇票。包括银行承兑汇票和商业承兑汇票两种。

按照到期时间，应收票据可分为短期应收票据及长期应收票据，但在通常情况下，如无特指，则应收票据就是短期应收票据。按照我国票据法的规定，商业汇票的期限不能超过6个月。商业汇票的流动性比较强，而且持票人还可以把商业汇票提前贴现、背书转让或者抵押。

对应收票据来说，尤其是银行汇票，发生坏账的风险非常小，与应收账款相比，更具有法律上的约束力。正因为如此，商业汇票在企业的经营结算之中被广泛应用，而企业在收取、持有、贴现或转让商业汇票时，也要正确管理及核算。

收取票据时应重点审核的内容

某企业在一项业务中，收取了多张经过多家公司背书转让的银行汇票。但背书已经转让多次，导致汇票的粘单大小不一，格式不统一，而银行预留印鉴也不太清楚，最终被银行拒付。因此在收取商业汇票时，要重点审核下列事项，以避免给自身造成麻烦。

首先，审核收款人的名称是否正确，是否在有效期限之内。

其次，如果发现收到的票据已经过多手转让，就要注意查看汇票的背书是否连续，背书上银行预留的印鉴是否清晰，收款人同第一背书人是否保持一致。

最后，应仔细检查经过多手背书转让的汇票粘单是否还有压缝章，粘单之后的第一背书人也要同盖压缝章的背书人保持一致。

应收票据在各种情况下的账务处理

（1）取得应收票据时的会计分录如下。

借：应收票据

　　贷：主营业务收入

　　　　应交税费——应交增值税（销项税额）

（2）到期收回应收票据时的会计分录如下。

借：银行存款

　　贷：应收票据

（3）到期未收回应收票据时的会计分录如下。

借：应收账款

　　贷：应收票据

（4）未到期背书转让时的会计分录如下。

借：原材料

　　应交税费——应交增值税（进项税额）

　　贷：应收票据

有差额时应“借”或者“贷”银行存款。

如何确定应收票据的到期日与到期价值

1. 确定到期日

应收票据的到期日应该按照不同的约定方式确定。比如当约定按日计算时，就应以足日为准，在其计算时按照算尾不算头的方式确定。如5月10日开出的60天商业汇票的到期日为7月9日。如果约定按照月来计算，则以足月为标准，在计算时应按照到期月份的对日确定。如1月31日开出的8个月商业汇票，到期日应为9月30日。

2. 确定到期价值

应收票据的到期价值，也就是商业汇票到期时应全部支付的款项，要按照票据是否带息具体确定。如果属于不带息票据，则到期价值即为票面价值。如果是带息票据，那么到期价值是票据面值再加上应计利息，具体的计算公式如下。

票据到期价值=票据面值×（1+票面利率×票据期限）

其中，票面利率以年利率表示；票据期限则用月或者日表示，在操作时为了计算方便，就将一年定为了360天。例如：一张面值是10 000元，期限是180天，票面利率是10%的商业汇票，到期价值应该是：

10000×［1+10%×（180÷360）］=10500（元）

应收票据的账务处理实例

（1）某公司于2015年6月1日，向X公司销售一批商品，价款为300 000元，增值税为51 000元，商品已交付给X公司，该商品成本是160 000元，并于当日收到X公司开出的，由银行承兑的面值351 000元的商业汇票，期限为6个月。具体的会计分录如下。

借：应收票据　　351 000

　　贷：主营业务收入　　300 000

　　　　应交税费——应交增值税（销项税额）　　51 000

借：主营业务成本　　160 000

　　贷：库存商品　　160 000

（2）10月1日，某公司向Y公司采购了一批价款为280 000元的原材料，增值税为47 600元，材料已于当日验收入库，Y公司发货时代垫了运费2 800元；当日，公司把之前持有的X公司的商业汇票背书转让给了Y公司，其差额部分以银行存款结算。具体的会计分录如下。

借：原材料　　282 800

　　应交税费——应交增值税（进项税额）　　47 600

　　银行存款　　20 600

　　贷：应收票据　　351 000

应付账款的账务处理

应付账款指的是企业应该支付但尚未支付的手续费及佣金，它是企业因为购买材料、商品以及接受劳务供应等经营活动而需要支付的款项，这通常是买卖双方在购销活动的过程中，由于收取货物及支付货款在时间上不一致而产生的负债。

应付账款的入账时间

应付账款的入账时间，通常是以与所购买物资所有权有关的风险及报酬已经转移，或者劳务已经接受作为标志。但在具体的工作中也要按照具体情况的不同区别处理。

（1）在物资及发票账单一起到来的情况下：通常在验收物资入库之后，才应将发票账单登记入账。这是为了确认企业购入的物资在质量、数量及品种等相关要求上，是否与合同上签订的条件相符，以免发生由于先入账而导致在验收入库时发现购入物资出现错、漏、破损等问题后再进行调账。

（2）在物资及发票账单尚未同时到来的情况下：在发票账单可能需要间隔较长的时间才到时，但因为这笔负债已经成立了，就应该作为一项负债来反映。而为了在资产负债表上客观反映企业所拥有的资产以及应该承担相应的债务，在实际的工作中，就应采用在月份终了时把所购物资及应付债务估算入账，等到下月初时再用红字予以冲回的办法。对因购买商品等而发生的应付账款，应设置“应付账款”科目进行核算，并借此反映这部分负债的价值。

应付账款通常要按照应付金额入账，而不应按照到期应付金额的现值入账。如果购入的资产在形成一笔应付账款时，带有现金折扣性质，则在确定应付账款入账金额时就应按照发票上记载的应付金额的总值（即不应扣除折扣）记账。在这种状况下，就要按照发票上记录的全部应付金额，借记有关科目贷记“应付账款”科目，而获得的现金折扣，则应冲减企业的财务费用。

应付账款的核算

为了总括反映及监督企业的经营活动，由于存在因购买材料、商品以及接受劳务供应等生产经营活动而产生的债务及其偿还状况，企业就应设置“应付账款”账户。在该账户上，贷方需登记企业购买材料、商品、接受劳务供应等应付而未付的款项；借方需登记应偿还的应付账款，或者开具商业汇票抵付的应付账款，或者已经冲销的无法支付的应付账款；期末贷方余额应反映尚未偿还或者已经抵付的应付账款。该账户应该按照债权人设置明细账并进行明细核算。

当企业有购入材料、商品等经营活动时，如果货款还没有支付，就应按照有关凭证，例如发票账单、随货同行发票上记载的实际价款或者暂估价值，借记“材料采购”“在途物资”等账户，然后按照可以抵扣的增值税额，借记“应交税费——应交增值税（进项税额）”等科目，并按应付的价款，贷记“应付账款”科目。而对企业接受供应单位提供劳务而出现的应付未付款项，应按照供应单位的发票账单，借记“生产成本”“管理费用”等科目，并贷记“应付账款”科目。

对企业因开出、承兑商业汇票而抵付的应付账款，需借记“应付账款”科目，并贷记“应付票据”科目。而当企业偿付具体的应付款时，应借记“应付账款”科目，并贷记“银行存款”科目。

对应付账款附有现金折扣的，要按照扣除现金折扣之前的应付款总额入账。在这种状况下，应该按照发票上记录的全部应付金额，借记有关科目，然后贷记“应付账款”科目。因在折扣期限内付款而获得的现金折扣，则应在偿付应付账款时冲减财务费用。

应付账款的账务处理实例

【例1】某企业是增值税一般纳税人。2015年6月1日，从X公司购入了一批材料，货款为300 000元，增值税为51 000，对方已经代垫了运杂费2 000元。目前，材料已运到且已验收入库（该企业材料是按照实际成本计价核算的），但款项还没有支付。具体的会计分录如下。

借：原材料　　302 000

　　应交税费——应交增值税（进项税额）　　51 000

　　贷：应付账款——X公司　　353 000

【例2】某百货商场于2015年5月5日，从Y公司购入了一批家电产品。目前，产品已经验收入库。在增值税专用发票上列明，这一批家电的价款是200万元。增值税为34万元。根据购货协议的相关规定，该百货商场如能在15天内付清相应的货款，则将会获得1%的现金折扣（假定计算现金折扣时必须要考虑增值税）。具体的会计分录如下。

借：库存商品　　2 000 000

　　应交税费——应交增值税（进项税额）　　340 000

　　贷：应付账款——Y公司　　2 340 000

【例3】按照供电部门的相关通知，某企业在本月应该支付64 000元电费。其中生产车间应支付42 000元电费，企业行政管理部门应支付22 000元电费，但款项尚未支付。具体的会计分录如下。

借：制造费用　　42 000

　　管理费用　　22 000

　　贷：应付账款——××电力公司　　64 000

应付票据的账务处理

应付票据是由出票人出票并委托付款人，在指定的日期内无条件支付确定的金额给收款人或持票人的票据。应付票据是委托付款人许诺在一定期限内支付一定款项的书面证明，也是延期付款的证明，且以有承诺付款的票据作为凭据。

应付票据的分类及处理

应付票据是在企业经济往来的活动中由于采用商业汇票的方式而产生的，是由签发人签发、承兑人承兑的一种票据。根据《支付结算办法》的相关规定，在银行开立存款账户的法人及其他组织之间，凡是具有真实的交易关系或者债权债务的关系时，都可以使用商业汇票。

在我国，企业的应付票据通常是指商业汇票，而商业汇票的付款期限最长不应超过6个月。按照是否带息，应付标据可分为带息应付票据与不带息应付票据。

（1）带息应付票据的处理：带息的应付票据的面值即为票据的现值。我国商业汇票的期限比较短，在期末时通常对尚未支付的应付票据要计提其利息，并计入当期财务费用；而票据到期应支付票款时，尚未计提的利息部分就应直接计入当期的财务费用中。

（2）不带息应付票据的处理：不带息的应付票据的面值即为票据到期时的应付金额。

应付票据的核算

对那些因真实交易而开具、承兑的商业汇票，在会计核算中应该设置“应付票据”科目，具体使用该科目时还需注意以下几点。

（1）应核算企业因购买材料、商品及接受劳务供应等开出、承兑的商业汇票，其中包括银行汇票与商业汇票。

（2）可按照具体的债权人进行明细核算。

（3）应付票据的主要账务处理。

①企业开具、承兑商业汇票或者用承兑商业汇票抵付货款、应付账款时，应借记“材料采购”“库存商品”等科目，并贷记本科目。凡是涉及增值税进项税额的，还要进行相应的账务处理。

②支付银行承兑汇票的手续费，应借记“财务费用”科目，并贷记“银行存款”科目。而支付票款，需借记本科目，贷记“银行存款”科目。

③对银行汇票到期、企业无力支付票款的，要按照应付票据的票面金额，借记本科目，并贷记“短期借款”科目。

④企业要设置“应付票据备查簿”，详细登记商业汇票的种类、号数及出票日期、到期日、票面金额、交易合同号以及收款人姓名或单位名称、付款日期和金额等。当应付票据到期结清时，在备查簿中也应予注销。

⑤本科目期末贷方余额，要反映企业还未到期的商业汇票的票面金额。

应付票据的账务处理实例

【例1】甲企业购入了一批钢材，现已入库，价值为100 000元，增值税额为17 000元，双方经过协议，货到后签发3个月不带息的商业承兑汇票，并支付了50元银行手续费，具体的账务处理如下。

按照进货发票及商业汇票存根的会计分录如下。

借：材料采购	100 000
应交税费——应交增值税（进项税额）	17 000
贷：应付票据	117 000

支付银行手续费时的会计分录如下。

借：财务费用	50
贷：库存现金	50

到期收到银行支付通知时的会计分录如下。

借：应付票据	117 000

贷：银行存款　　117 000

【例2】如果甲企业在上述业务的票据到期的情况下却无力支付，委托人的开户银行收到了退回委托收款凭证与汇票，则此时银行按照票据的面值处以200元罚款，具体的账务处理如下。

收到银行通知退回，并委托收款凭证与汇票时的会计分录如下。

借：应付票据　　117 000

贷：应付账款　　117 000

收到银行罚款通知单时的会计分录如下。

借：营业外支出　　200

贷：银行存款　　200

【例3】乙公司于2015年2月22日从Y企业购入了一批原材料，价款是80 000元，增值税款是13 600元，该公司还同时出具了一张带息票据，期限为3个月，年利率是9%，具体的账务处理如下。

2015年2月22日购入材料时的会计分录如下。

借：原材料　　80 000

应交税费——应交增值税（进项税额）　　13 600

贷：应付票据　　93 600

记录两个月的利息费用（93 600 × 9% × 2 ÷ 12）时的会计分录如下。

借：财务费用——利息支出　　1 404

贷：应付票据　　1 404

利息到期应付款时的会计分录如下。

借：财务费用——利息支出　　702

应付票据　　95 004

贷：银行存款　　95 706

应付职工薪酬的账务处理

职工指的是同企业签订劳动合同的所有人员，包括全职、兼职及临时职工，还包括董事会成员、监事会成员等。此外，在企业的计划及控制下，一些未与企业签订劳动合同或未由企业正式任命的劳务用工人员，也应被纳入职工范畴。

职工薪酬的范围

（1）职工薪酬。其中包括职工在职期间和离职后，企业为其提供的全部货币性薪酬以及非货币性福利。此外，企业提供给职工配偶、子女或者其他被赡养人的福利等，也被列入职工的薪酬范围。

（2）养老保险费。其中包括基本养老保险费以及按照企业年金计划向企业年金基金有关管理人员缴纳的补充养老保险费。此外，以购买商业保险的形式，提供给职工的各种保险待遇也在职工薪酬的范围内。

（3）非货币性福利。其中包括企业将自产产品发放给职工作为福利，或是把企业拥有的资产无偿提供给职工使用以及无偿给职工提供医疗保健服务等。

应付职工薪酬的主要账务处理

企业根据相关规定向职工支付工资、奖金、津贴等，应借记本科目，并贷记“银行存款”或“库存现金”等科目。

企业从应付职工薪酬中扣还的代垫的家属药费、个人所得税等各种款项，应借记本科目，贷记“其他应收款”及“应交税费——应交个人所得税”等科目。

企业为职工支付职工福利费等，需借记本科目，并贷记“银行存款”或

“库存现金”等科目。

企业为工会运作与职工培训支付的工会经费及职工教育经费，应借记本科目，并贷记“银行存款”等科目。

企业根据国家相关规定为职工缴纳的社会保险费及住房公积金，应借记本科目，并贷记“银行存款”科目。

企业由于解除了职工的劳动关系而为职工给予的补偿，需借记本科目，并贷记“银行存款”或“库存现金”等科目。

企业为职工提供租赁住房而发生的租金，应借记本科目，并贷记“银行存款”等科目。

在行权日时，企业用现金同职工结算股份的支付款项，应借记本科目，并贷记“银行存款”或“库存现金”等科目。

对用于生产部门人员的职工薪酬，应借记“生产成本”“制造费用”“劳务成本”等科目，并贷记本科目。

对管理部门人员的职工薪酬，应借记“管理费用”科目，并贷记本科目。

对销售人员的职工薪酬，应借记“销售费用”科目，并贷记本科目。

对应由在建工程或研发支出而负担的职工薪酬，应借记“在建工程”“研发支出”科目，并贷记本科目。

应付职工薪酬的账务处理实例

【例1】甲企业2015年3月提取现金96 590元用于发放工资，企业为职工垫付的扣款项目（储蓄存款、托儿费、饭票、房租及水费、电费等）合计为8 740元，实发工资为87 850元，应做账务处理如下。

提取现金准备发放工资时的会计分录如下。

借：库存现金	87 850
贷：银行存款	87 850

发放工资时的会计分录如下。

借：应付职工薪酬——工资	96 590
贷：其他应收款	8 740
库存现金	87 850

【例2】乙公司7月代扣个人所得税共8 700元，具体的会计分录如下。

借：应付职工薪酬——代扣个人所得税　　　8 700

　　贷：应交税费——应交个人所得税　　　8 700

【例3】一家生产制造型的企业，8月份该车间共发生了6 000元的直接人工支出，职工福利按照工资总额的14%提取，具体的会计分录如下。

借：制造费用　　　6 840

　　贷：应付职工薪酬——工资　　　6 000

　　　　　　　　　——职工福利　　　840

【例4】某公司本月应付医疗保险3 500元，应付社会保险6 500元，具体的会计分录如下。

借：管理费用　　　10 000

　　贷：应付职工薪酬——医疗保险费　　　3 500

　　　　　　　　　——社会保险费　　　6 500

【例5】某公司本月应付工资总额是50 000元，其中从工资总额中提取工会经费1 000元（按工资总额的2%提取），职工教育经费750元（按工资总额的1.5%提取），具体的会计分录如下。

借：管理费用　　　1750

　　贷：应付职工薪酬——工会经费　　　1 000

　　　　　　　　　——职工教育经费　　　750

【例6】某公司与职工解除了劳动关系，并向职工给予了5 000元补偿，以现金支付，具体的会计分录如下。

借：应付职工薪酬——辞退补偿　　　5 000

　　贷：库存现金　　　5 000

【例7】某企业2015年9月提取现金83 000元以发放工资并计提福利费。其中生产工人的工资是50 000元，车间管理人员的工资是15 000元，在建工程人员的工资是5 700元，工会人员的工资是3 300元，另支付退休人员退休费共5 000元，支付职工困难补助2 200元、医药费1 800元，具体的账务处理如下。

提取现金准备发工资时的会计分录如下。

借：库存现金　　　83 000

　　贷：银行存款　　　83 000

发放工资时的会计分录如下。

借：应付职工薪酬——工资　　83 000

　　贷：库存现金　　83 000

支付退休人员工资时的会计分录如下。

借：管理费用　　5 000

　　贷：库存现金　　5 000

月终分配工资费用时的会计分录如下。

借：生产成本　　50 000

　　管理费用　　27 300

　　在建工程　　5 700

　　贷：应付职工薪酬——工资　　83 000

提取职工福利费时的会计分录如下。

借：生产成本　　7 000

　　管理费用　　3 822

　　在建工程　　798

　　贷：应付职工薪酬——职工福利　　11 620

说明：生产成本=50 000×14%=7 000（元）

　　管理费用=27 300×14%=3 822（元）

　　在建工程费=5 700×14%=798（元）

第九章
驾轻就熟——管理存货和固定资产

存货是指企业在日常经济活动中所持有的、准备出售的原材料或商品。而固定资产是指企业为了生产商品、提供劳务、出租或经营管理，而持有的并且使用寿命超过一个会计年度的有形资产。通常情况下，存货区别于固定资产的最基本的特征是，企业持有存货的最终目的是出售，如可直接销售的产成品、商品，或仍需经进一步加工后才能出售的原材料等。

存货概述

存货指的是企业或者商家在日常经济活动中持有的、准备出售的原料或产品，正处于生产过程中的产品，以及在生产过程或者提供劳务的过程中所耗用的材料、物料、销售存仓等。通常情况下，企业是为了出售存货才对其持有的。

存货的主要特点

按照属性，存货属于流动资产，具有下列特点。

（1）存货属于有形的资产。

（2）存货的流动性比较强。在企业中，存货往往会处于不断销售、耗用、购买或重置中，具有比较快的变现能力以及明显的流动性。

（3）存货具有一定的实效性和引发潜在损失的可能性。在企业正常的生产经营活动下，存货能够按照一定的规律转换为货币资产或其他资产，但如果长期不能耗用或者销售存货，就很有可能转变为积压物资或降价销售，导致企业出现损失。

存货的分类

按照经济用途划分，存货可以分为以下几种。

（1）原材料。原材料是指企业在生产过程中，经过加工改变其形态或者性质，并构成产品或主要实体的各种原料和主要材料、辅助材料、外购半成品、修理用备件、包装材料及燃料等。

（2）在产品。在产品是指企业正在制造却尚未完工的产品，其中包括正在各个生产工序加工的产品、已加工完毕但还未检验或已检验但尚未办理入库手续的产品。

（3）半成品。半成品是指经过一定的生产过程，并已检验合格且交付半成品仓库保管，但还未制造完工成为产成品且仍需进行加工的中间产品。

（4）产成品。产成品是指工业企业已完成全部生产过程，并已经验收入库，而且符合合同规定的条件，可以送交订货单位，或者可以作为成熟商品对外销售的产品。

（5）商品。商品是指商品流通企业外购或者委托加工完成验收入库且用于销售的各种商品。

（6）周转材料。周转材料是指企业可以多次使用，但却不符合固定资产定义的材料，如各种包装物、各种工具、玻璃器皿、劳动保护用品以及各种低值易耗品与建造承包商经常使用的钢模板、木模板、脚手架等其他周转材料。

（7）委托加工物资。委托加工物资是指小企业委托给外单位加工使用的各种材料、商品等物资。

存货的确认条件

存货的确认要同时满足下列两个条件。

（1）同该项存货相关的经济利益很可能流入企业。在通常情况下，企业取得存货的所有权，是与存货相关的经济利益很可能流入本企业的一个重要标志。比如，按照相关销售合同已经售出的存货，其所有权已经发生了转移，与其相关的经济利益已经不能再流入本企业，此时，即便是该项存货还没有离开本企业，也不能再确认为本企业的存货。

（2）存货作为企业资产的一个组成部分，要确认其存在，就必须确定其成本能够进行可靠地计量。反之，如果存货成本不能可靠地计量，就不能确认其为存货。比如，企业承诺的订货合同，因为事实上并未发生，所以就不能可靠地确定其成本，也就不能确认为购买企业的存货。又比如，企业预计可能会发生的一些制造费用，但因并未实际发生，也就不能可靠地确定其成本，所以不能计入产品成本。

如何选择科学的存货计价方法

在确定存货的计价方法时，应坚持如下标准：以历史成本作为基础；坚持客观性的原则，真实反映销售成本同期末存货的价值；坚持谨慎性的原则，以保证企业所有者及潜在投资者在做出决策时应尽可能避免风险，使得风险收益最大化。

在选择存货的计价方法时，首先，应考虑存货的特点及其管理要求；其次，应考虑存货计价方法对企业财务造成的影响；最后，应考虑存货计价方法对企业经营管理及业绩评价会有哪些影响。

因此，存货计价方法要科学地选择，需兼顾前面讲述的多方面的因素，而不应片面采用单独任何一种方法。

存货实际成本的确定

1. 存货的采购成本

存货的采购成本，包括购买价款、运输费、装卸费、保险费、相关税费以及其他可归属于存货采购成本的费用。

存货的购买价款指的是企业购入的材料或者商品的发票账单上所列明的价款，但不包括按照规定可以抵扣的增值税额。

在采购商品的过程中所发生的运输费、装卸费、保险费等，应该计入存货采购成本，在期末再按照所购商品的存销状况进行分摊。

存货的相关税费指的是，企业在购买存货时发生的进口关税、消费税、资源税和不能抵扣的增值税进项税额以及相应的教育费附加等。它们都应计入存货采购成本的税费中。

其他可归属于存货采购成本的费用指的是，采购成本中除上述各项之外的可归属于存货采购的费用，比如在存货采购过程中发生的仓储费、包装费，在运输途中的合理损耗，在入库前的挑选、整理费用等。

商品流通企业在采购商品的过程中所发生的运输费、装卸费、保险费以及其他可归属于存货采购成本的费用等进货费用，应当计入存货采购成本，也可以先进行归集，期末根据所购商品的存销情况进行分摊。对已售商品的进货费用，计入当期损益；对未售商品的进货费用，计入期末存货成本。而企业采购商品的进货费用金额较小时，可以在发生时直接计入当期损益。

2. 存货的加工成本

存货的加工成本指的是，在存货的加工过程中发生的一些追加费用，其中包括直接人工以及按照一定方法分配的制造费用。

直接人工指的是企业在生产产品与提供劳务的过程中，发生的直接从事产品生产和为劳务人员提供的职工薪酬。

制造费用指的是企业为生产产品与提供劳务而发生的各项间接费用。

3. 存货的其他成本

存货的其他成本指的是除采购成本、加工成本以外的，让存货达到目前场所及状态而发生的其他支出。

企业为设计产品而发生的设计费用通常应计入当期损益，但是为特定客户设计产品所发生的、可直接确定的设计费用应计入存货的成本。

库存商品的账务处理

对企业库存的各种商品的实际成本（即进价）或者计划成本（即售价），包括库存产成品、外购商品、待售商品、展览商品及寄存商品等，都应通过“库存商品”科目进行核算。本科目可按照库存商品的种类、品种及规格等进行具体的明细核算。

国内购进商品的账务处理

对国内购进的商品来说，因付款及收货时间不同而形成了下列几种账务处理方法。

（1）单、货同时到的账务处理。在结算货款时应按照商品进价、进项增值税额及发生的进货费用，借记“商品采购”“应交税金”“经营费用”，贷记“银行存款”。等到商品验收入库后，借记“库存商品”，贷记“商品采购”，采用售价法进行核算的，商品售价与进价之间的差额要贷记“商品进销差价”。

（2）单到货未到的账务处理，可分为单至承付货款及商品验收入库这两步进行账务处理。

（3）货到单未到的账务处理。商品验收入库时暂时不做账务处理，等单到结算货款时再做进一步的账务处理；如果月底单仍未到，则应按照付价或暂估价借记“库存商品”“应交税金”，贷记“应付账款”，下月初再用红字冲回，等单到之后再做处理。

（4）预付货款购进。预付货款时，应借记“预付账款”，贷记“银行存款”。收到商品时要借记“商品采购”“应交税金”等科目，贷记“预付账款”。商品入库以后，应借记“库存商品”，贷记“商品采购”科目。

国外进口商品及储存商品的账务处理

对购入的进口商品，通常按照实际成本对其进行日常核算，而其成本构成及账务处理，则具体由交货价格及结算方式来定。

储存商品指的是购进的备售、尚未销售的商品。储存商品如果遇到调整进价，则不需要调整库存商品的价格及进销差价，也不需要进行账务处理；如果遇到调整售价，则当储存商品按照进价进行核算时，也不做账务处理。当按照售价进行核算时，调高售价就应该按照增加数借记“库存商品”科目，贷记“商品进销差价”科目；调低售价时就要按照降低数做反向账务处理。

商品削价的账务处理

商品做削价处理时，如果售价低于原进价就会形成削价损失。削价损失的账务处理通常有以下两种方式。

（1）应建立商品削价准备金。通过设置库存商品备抵账户——“商品削价准备”，进行核算时，应按照月预提准备金，借记“商品销售成本”，贷记“商品削价准备”。用已经提取的削价准备金弥补商品的削价损失时，需借记“商品削价准备”，贷记“商品销售成本”。而“商品削价准备”账户的余额则反映已提取但还未转销的削价准备金。这种方法非常符合配比及稳健性的原则，还有利于客观反映企业的经营成果。

（2）直接列支法。若采用这种方法，则削价损失可直接在销售期进行核算。

商品加工的账务处理

商品加工指的是把部分库存商品或材料通过加工制成另一种商品，以达到转售目的的一种经营活动。账务处理如下。

（1）当拨付加工商品时，应借记“加工商品”，贷记“库存商品”。如果是按照售价核算的，则还应借记“商品进销差价”。

（2）在结算加工费用及增值税时，应借记“加工商品”及“应交税金”，并贷记“银行存款”。

（3）当加工之后验收入库时，要根据“加工商品”明细账，计算加工商品的具体成本。其中采用进价核算的商品，需按照实际发生的加工成本进行转账。当采用售价进行核算时，加工完工的新商品就应按照新售价入账；而新售价同实际加工成本之间的差额，应记“商品进销差价”。

出租商品的账务处理

对出租商品来说，其租出、收回、价值摊销、出售以及报废等方式的核算，应设置“出租商品”账户。借方需登记出租商品的租出及划转；贷方应登记出租商品的出售、摊销与报废。账户余额是在借方，以具体反映出租商品的余额。

企业收到的出租商品的租金或者出售的售价收入，应贷记“其他业务收入”。而出租商品时发生的价值摊销、维修费支付、结转销售成本以及报废出租商品的净损失等，则应借记“其他业务支出”。

库存商品的账务处理实例

【例1】甲企业采用实际成本核算产成品。2015年5月3日，该企业生产的X产成品已经验收入库，实际成本是230 000元，具体的会计分录如下。

借：库存商品——A　　　　230 000
　　贷：生产成本——A　　　　230 000

如果该企业采用计划成本核算产成品，计划成本是235 000元，则具体的会计分录如下。

借：库存商品——A　　　　235 000
　　贷：生产成本　　　　230 000
　　　　产品成本差异　　　　5 000

5月8日，该企业将X产品对外销售，收到销货款468 000元（含增值税），增值税税率为17%，具体的会计分录如下。

收到款项时的会计分录如下。

借：银行存款　　　　468 000
　　贷：主营业务收入　　　　400 000
　　　　应交税费——应交增值税（销项税额）　　68 000

结转销售成本时（实际成本法）的会计分录如下。

借：主营业务成本　　　　230 000
　　贷：库存商品　　　　230 000

在计划成本法下，发出产成品还应结转产品成本差异，将发出产成品的计划成本调整为实际成本，具体的会计分录如下。

借：主营业务成本　　　　　　　　　　230 000

　　产品成本差异　　　　　　　　　　5 000

　　贷：库存商品　　　　　　　　　　235 000

【例2】乙商业企业购入商品，采用进价核算。2015年6月23日，购入一批商品，进价为600 000元（不含增值税），适用增值税税率为17%，具体的会计分录如下。

借：在途物资　　　　　　　　　　　600 000

　　应交税费——应交增值税（进项税额）　102 000

　　贷：银行存款　　　　　　　　　　702 000

商品验收入库时的会计分录如下。

借：库存商品　　　　　　　　　　　600 000

　　贷：在途物资　　　　　　　　　　600 000

6月25日，把这一批商品对外销售，销售价格是900 000元，增值税税率为17%，具体的账务处理如下。

收到销售款时的会计分录如下。

借：银行存款　　　　　　　　　　　1 053 000

　　贷：主营业务收入　　　　　　　　900 000

　　　　应交税费——应交增值税（销项税额）　153 000

结转销售成本时的会计分录如下。

借：主营业务成本　　　　　　　　　600 000

　　贷：库存商品　　　　　　　　　　600 000

【例3】丙商业企业购入商品，采用售价核算。2015年8月23日，购入了一批商品，价值是700 000元，适用增值税税率为17%，该批商品销售价格为900 000元。商品已经验收入库，该商业企业具体的会计分录如下。

借：库存商品　　　　　　　　　　　900 000

　　应交税费——应交增值税（进项税额）　119 000

　　贷：银行存款　　　　　　　　　　819 000

　　　　商品进销差价　　　　　　　　200 000

8月30日，把这批商品销售以后，获得货款为900 000元（不含增值税），增值税税率为17%，具体的账务处理如下。

取得货款时的会计分录如下。

借：银行存款　　1 053 000

　　贷：主营业务收入　　900 000

　　　　应交税费——应交增值税（销项税额）　　153 000

结转销售成本的会计分录如下。

借：主营业务成本　　700 000

　　商品进销差价　　200 000

　　贷：库存商品　　900 000

【例4】某商业企业购入一批商品，采用售价核算。随后该企业委托外单位加工这一批商品，现商品已加工完毕。该商品售价是80 000元，账面余额为40 000，该商业企业收回该商品时，具体的会计分录如下。

借：库存商品　　80 000

　　贷：委托加工物资　　40 000

　　　　商品进销差价　　40 000

低值易耗品的账务处理

低值易耗品指的是不作为固定资产核算的各种用具、物品，比如工具、管理用具、玻璃器皿以及在经营过程中用于周转的包装容器等。按照价值标准，低值易耗品通常指单位价值在10～2 000元或使用年限在一年之内的劳动资料。

低值易耗品的分类

低值易耗品一般可以分为下列几大类。

（1）经营用具。经营用具是指在经营中使用的各种用具等，比如清洁器械、消防器械、绿化器械等。

（2）管理用具。管理用具是指企业在管理中使用的各种家具、用具等，比如保险柜、沙发、椅子、桌子、自行车等。

（3）包装容器。包装容器是指企业在具体的经营过程中使用的周转箱、包装袋等物品。

（4）其他用具。其他用具是指不属于以上各个分类的低值易耗品。

低值易耗品的账务处理之一次摊销法

一次摊销法指的是在领用低值易耗品时，把它一次性全价计入“管理费用”或“主营业务成本”账户的摊销方法。此类方法的手续非常简便，通常适用于价值比较低、使用期特别短、一次领用数量不变的物品。

【例】甲企业的职工领用了10套工作服，每套100元。按照具体的“领用单”，可做出下列会计分录。

借：管理费用——低值易耗品 1 000

贷：低值易耗品 1 000

低值易耗品的账务处理之分期摊销法

分期摊销法指的是在领用低值易耗品时，按照预计的使用时间，分次把低值易耗品的平均价值摊入费用的摊销方法。采用此类摊销方法时，需要的费用负担是比较均衡的，通常适用于单位价值比较高、使用期限也比较长的物品。在具体的核算方面，领用时应把低值易耗品的实际成本全部转入“待摊费用”的账户，之后再分期从“待摊费用”转入“管理费用”或者“营业成本”的账户中。

【例】乙企业领用了10个垃圾桶，每个250元，分10个月摊销，具体的账务处理如下。

领用垃圾桶时的会计分录如下。

借：待摊费用 2 500

贷：银行存款 2 500

每月摊销时的会计分录如下。

借：管理费用——低值易耗品 250

贷：待摊费用 250

低值易耗品的账务处理之五五摊销法

五五摊销法也就是五成摊销法，指的是在领用低值易耗品时可先摊销一半，等到废弃时再摊销另一半。账簿中需设置“在库低值易耗品”“在用低值易耗品”“低值易耗品摊销”这三个明细账目。

【例】某公司于10月份领用了6台办公桌，每台办公桌的价值为300元，采用五五摊销法时的会计分录如下。

借：低值易耗品——在用低值易耗品 1 800

贷：低值易耗品——在库低值易耗品 1 800

当摊销一半价值时的会计分录如下。

借：管理费用——低值易耗品摊销 900

贷：低值易耗品——低值易耗品摊销 900

等到报废时，摊销其剩余价值，同时将100元残料收入作为现金收入。此时的会计分录如下。

借：库存现金　　100

　　管理费用——低值易耗品　　800

　　贷：低值易耗品——低值易耗品摊销　　900

同时，注销低值易耗品明细账时的会计分录如下。

借：低值易耗品——低值易耗品摊销　　1 800

　　贷：低值易耗品——在用低值易耗品　　1 800

包装物的账务处理

包装物指的是企业在生产流通的过程中，为产品或商品进行包装，用来容纳、保护、搬运、交付和提供商品，并同它们一起出售、出借或者出租给购货方的各种包装容器，比如桶、箱、瓶、坛、筐、罐、袋等。

包装物的属性

显而易见，包装物的会计属性应该是流动资产，也是存货的一个部分。通常来说，按照存货的相关经济属性，可以将其分为两类：一类是劳动对象，比如原材料、在产品、委托加工物资、库存商品等，它们是企业生产以及劳动价值的载体，也是企业资金运动过程的载体；而另一类是劳动手段，通常以低值易耗品作为代表，并作为劳动工具和固定资产一起为企业生产提供具体的劳动条件。

但在物质上，它本身并没有形成产品实体，只是通过一定的摊销方式把自身价值逐渐转移到了劳动对象，也就是“产品”中去。而按照目前包装物的定义，包装物可以分成两部分：一部分包装物作为企业商品的组成部分，比如电视机的包装箱、包装衬衫的纸盒、装酒的瓶子等，它们在经济属性上属于“劳动对象”；而另一部分是为企业保存或者保管另一种存货的包装容器，比如油桶、酒坛等，它们在本质上仍然属于“劳动手段”（或“劳动工具”）。

因此，包装物的双重属性也给其确认造成了一定的复杂性。

包装物的分类

（1）按照材料的不同，包装物可分为纸包装、塑料包装、金属包装、玻璃包装、陶瓷制品包装、木制包装以及麻、布、竹、藤、草类等制成的包装。

（2）按照功能的不同，包装物可分为执行运输、保管、流通功能的工业包装以及面向消费者且起到了促销或者广告功能的商业包装。

（3）按照包装形态的不同，包装物可分为个包装、内包装与外包装。

（4）按照包装方式的不同，包装物可分为高阻隔包装、防锈包装、防水防潮包装、抗静电包装等。

（5）按照包装内容的不同，包装物可分为食品包装、化学包装、电子产品包装、机械包装、药品包装、军用品包装等。

（6）按照包装软硬程度的不同，包装物可分为硬包装、半硬包装、软包装等。

包装物的账务处理

对生产部门领用的包装物，因其构成了产品的成本，所以应把包装物的成本计入产品生产成本，即借记“生产成本”，贷记“包装物”；对随同产品一起出售的包装物，因包装物是单独计价的，就相当于单独销售包装物，应借记“其他业务成本”并贷记“包装物”；对随同产品出售但未单独计价的包装物，则应借记“销售费用”，贷记“包装物”。

而对出租的包装物，应借记“其他业务成本”，贷记“包装物”；对收到的包装物的租金，需借记“库存现金”，贷记“其他业务收入”；对出借的包装物，应借记“销售费用”，贷记“包装物”。

收到出租、出借包装物押金时的会计分录如下。

借：库存现金

　　贷：其他应付款

退回押金时的会计分录如下。

借：其他应付款

　　贷：库存现金

对逾期未退的包装物，应把押金没收，相当于把包装物卖掉时的会计分录如下。

借：其他应付款（按照没收的押金入账）

　　贷：应交税费——应交增值税（销项税额）

计算公式：押金/（1+增值税税率）×增值税税率

其他业务收入

计算公式：押金/（1+增值税税率）

涉及消费税的，应缴纳的消费税的会计分录如下。

借：营业税金及附加

计算公式：押金/（1+增值税税率）×消费税税率

贷：应交税费——应交消费税

计算公式：押金/（1+增值税税率）×消费税税率

对一些逾期未退的包装物，有时原来收取的押金相对于售价的金额比较小，需加收一部分押金。该部分加收的押金应作为营业外收入进行处理。

收到押金时的会计分录如下。

借：银行存款

贷：其他应付款

当该包装物确实不退时，该押金也就不必再退还，此时的会计分录如下。

借：其他应付款（加收的押金）

贷：应交税费——应交增值税（销项税额）

计算公式：加收的押金/（1+增值税税率）×增值税税率

应交税费——应交消费税

计算公式：加收的押金/（1+增值税税率）×消费税税率

营业外收入（按照借贷方的差额倒扣）

出租或出借的包装物收回之后，不能使用并最终报废时的会计分录如下。

借：原材料（按其残料价值）

贷：其他业务成本（出租包装物）或销售费用（出借包装物）

固定资产概述

固定资产指的是企业为出租、提供劳务、生产产品或经营管理而持有的，且使用时间已超过12个月的，价值已经达到一定标准的非货币性资产，包括房屋、建筑物、机器、运输工具等，也包括与生产经营活动相关的一些设备、器具、工具等。

关于固定资产

企业在开展生产经营活动时，离不开生产三要素，也就是劳动者、劳动资料与劳动对象。从资金运动的基本逻辑来看，企业在筹集到资金后总是先从购建固定资产，也就是劳动资料开始。因此，对固定资产的核算，也是对企业最基本业务的核算。

简单地说，固定资产核算只是算账、记账和报账的问题，但把这“三账”做好，却是固定资产的生产能力能否更好地维持、更新和扩大的关键因素，也是能否让企业生产经营继续展开及可持续发展的问题。

此外，是否增减、折旧固定资产，如何对其进行折旧，折旧之后如何处置，都需要固定资产核算帮助提供答案，而这些答案对固定资金和现金流量都会产生非常重要的影响。

固定资产的特征

固定资产是企业的一种劳动手段，也是企业赖以生产经营的重要资产及方式，它也是一种具有下列特征的有形资产。

（1）固定资产是企业为提供劳务、出租生产商品或经营管理而持有的。

（2）固定资产的预期使用年限超过一年。

（3）固定资产的单位价值比较高。比如房屋、道路、机器设备等。

固定资产的确认条件

固定资产要同时满足下面两个条件才会被确认。

（1）与该固定资产相关联的经济利益很可能流入企业。

（2）该固定资产的成本可以计量。

因为企业的经营内容、经营规模等各种因素是不相同的，所以固定资产的标准也就不是完全一致的。企业可以按照相关规定，并结合企业自身的具体情况，制定适合本企业的固定资产目录及分类方法，另外，固定资产的折旧年限和折旧方法，也是固定资产核算的重要依据。

企业根据自身特点而制定的固定资产目录、分类方法以及固定资产的预计使用年限、预计净残值、折旧方法等，要编制成册，并根据具体的管理权限，经由股东大会或董事会等批准，按照国家相关法律、行政法规的规定，报送给相关部门备案，同时再在企业所在地备案，以供投资者等查阅。

固定资产的分类

固定资产，通常从以下四个方面进行分类。

1. 按照经济用途分类

固定资产分为生产经营用与非生产经营用固定资产。前者包括用于生产经营的建筑物、机器、设备、工具等；而后者包括用于非生产经营的食堂等。

2. 按照使用情况分类

固定资产可以分为使用中固定资产、未使用固定资产及不需用固定资产。

（1）使用中固定资产指的是，企业正在使用中的生产经营用或者非生产经营用固定资产。

（2）未使用固定资产指的是，企业已经完工或者已经购建的尚未交付使用的新增固定资产以及因为进行改建、扩建等原因而暂停使用的固定资产。

（3）不需用固定资产指的是，多余或者不适用于本企业而需要进行调配处置的固定资产。

3. 按照所有权分类

固定资产可以分为自有固定资产及租入固定资产。

（1）自有固定资产指的是，企业拥有的可供企业自由支配使用的固定资产。

（2）租入固定资产指的是，企业以融资、租赁的方式租入的固定资产。

4. 按照经济用途并结合具体的使用情况分类

固定资产可以分为生产经营用固定资产、非生产经营用固定资产、租出固定资产（租给外单位使用的固定资产）、不需用固定资产、未使用固定资产、融资租入固定资产（企业用融资、租赁的方式租入的固定资产）。

固定资产的计提折旧方法

固定资产的计提折旧方法主要有年限平均法、工作量法、双倍余额递减法、年数总和法。下面分别介绍它们的计算公式。

1. 年限平均法（也被称为直线法）

年折旧率=（1−预计净残值率）÷预计使用寿命（年）×100%

月折旧额=固定资产原价×年折旧率÷12

2. 工作量法

单位工作量折旧额=固定资产原价×（1−预计净残值率）/预计总工作量

某项固定资产月折旧额=该项固定资产当月工作量×单位工作量折旧额

3. 双倍余额递减法（加速折旧法）

年折旧率=2÷预计使用寿命（年）×100%

月折旧额=固定资产净值×年折旧率÷12

4. 年数总和法（加速折旧法）

年折旧率=尚可使用寿命/预计使用寿命的年数总和×100%

月折旧额=（固定资产原价−预计净残值）×年折旧率÷12

通常企业使用最多的是年限平均法，此外，企业在计提折旧时既可以个别计提，也可以分类计提。

固定资产的账务处理

为了反映与监督固定资产的取得、计提折旧及处置等情况，企业应设置“固定资产”“累计折旧”“在建工程”“工程物资”“固定资产清理”等科目，而具体的账务处理包括固定资产的出售、转让、报废和毁损、对外投资、非货币性资产交换、债务重组等。

固定资产进项税额的账务处理

1. 购进固定资产增值税的账务处理

【例】某企业于2015年8月8日，购进了一台生产用设备，增值税专用发票上注明的购买价款为400万元，增值税额为68万元，支付运输费4万元。设备没有安装费用，而且运费也取得了增值税合法抵扣凭证，并以银行存款支付。

此业务的账务处理情况如下。

该业务可抵扣的增值税 = 68 + 4 × 7％ = 68.28（万元）（注：7%是运输费的抵扣率）

固定资产入账价值 = 400 + 4 × 93％ = 403.72（万元）

该业务的会计分录如下。

借：固定资产	4 037 200
应交税费——应交增值税（进项税额）	682 800
贷：银行存款	4 720 000

此外，企业在进口固定资产或者工程物资时，应按照海关提供的完税凭证上注明的增值税额进口。

2. 自制固定资产增值税的账务处理

【例】企业于2015年4月6日自建了一条生产线，一共购入的各种工程物资的支付价款为300 000元，支付增值税51 000元。实际领用工程物资250 000元，领用原材料一批，实际成本40 000元。

购入为工程准备的物资时的会计分录如下。

借：工程物资　　300 000

　　应交税费——应交增值税（进项税额）　　51 000

　　贷：银行存款　　351 000

实际领用物资和原材料的会计分录如下。

借：在建工程　　290 000

　　贷：工程物资　　250 000

　　　　原材料　　40 000

在新会计条例下，由于自建固定资产发生的进项税额同样可用于抵扣，因此原材料进项税额就不再需要转出。

3. 非货币性资产交换的账务处理

【例】某企业使用一批材料换入一台新设备。该材料售价为80 000元，增值税专用发票上的增值税额是13 600元，该材料的实际成本是65 000元。换入的新设备公允价值为80 000元，增值税专用发票上的增值税额是17 000元。该企业应支付补价为11 700元。假设该项非货币性资产的交换具有商业实质，公允价值能可靠计量。

该企业取得固定资产的会计分录如下。

借：固定资产　　80 000

　　应交税费——应交增值税（进项税额）　　17 000

　　贷：其他业务收入　　80 000

　　　　应交税费——应交增值税（销项税额）　　13 600

　　　　银行存款　　11 700

企业结转材料成本的会计分录如下。

借：其他业务成本　　65 000

　　贷：原材料　　65 000

4. 债务重组取得固定资产的增值税的账务处理

【例】X企业于2015年5月4日赊销给Y企业一批商品，价税合计为120 000元，当即收到一张面值120 000元的商业承兑汇票。后来Y企业发生了财务困难，经过双方协商拟进行债务重组。Y企业以设备抵债，并开出了增值税专用发票，该设备的公允价值为90 000元，增值税额为15 300元。X企业的会计分录如下。

借：固定资产　　90 000

　　应交税费——应交增值税（进项税额）　　15 300

　　营业外支出　　14 700

　　贷：应收票据　　120 000

说明：计入营业外支出的债务重组损失＝120 000－（90 000＋15 300）

＝14 700（元）

固定资产销项税额的账务处理

销售固定资产的增值税，分为企业销售自己使用过的固定资产和增值税条例所规定的视同销售行为等两种情况。

1. 销售自己使用过的固定资产

【例】某企业于2015年8月21日转让之前购入的生产用固定资产，原值为2 000 000元，已提折旧费100 000元，售价为1 800 000元，增值税额为306 000元。目前，已收全部款项，并且增值税额340 000元也已经全部计入进项税额。

固定资产转入清理时的会计分录如下。

借：固定资产清理　　1 900 000

　　累计折旧　　100 000

　　贷：固定资产　　2 000 000

出售固定资产时收取的价款及增值税额（根据财税【2008】170号文规定，应按照17％计收增值税）的会计分录如下。

借：银行存款　　2 106 000

　　贷：固定资产清理　　1 800 000

　　　　应交税费——应交增值税（销项税额）　　306 000

结转固定资产清理净损失时的会计分录如下。

借：营业外支出　　100 000

贷：固定资产清理　　100 000

2. 视同销售固定资产的增值税会计处理

按照财税【2008】170号文之纳税人发生细则第四条规定，固定资产应视同销售行为，对已经使用过的固定资产且无法确定其销售额的，应以固定资产净值为销售额。

【例】某企业于2015年10月23日购入一批电脑，当时的买入价为400 000元，增值税为68 000元，款项是用银行存款支付的，以上支出也都取得了合法凭证。后来，企业捐赠了这批电脑。此时，电脑已提40 000元折旧，公允价值180 000，适用增值税率为17%。捐出时企业还支付了3 200元清理费。

这种情况属于“购进的货物无偿赠送其他单位”，应视同销售行为。

固定资产转入清理的会计分录如下。

借：固定资产清理　　360 000

　　累计折旧　　40 000

　　贷：固定资产　　400 000

支付清理费用的会计分录如下。

借：固定资产清理　　3 200

　　贷：银行存款　　3 200

计算应交增值税销项税的会计分录如下。

说明：固定资产净值＝360 000×17%＝61 200（元）

借：固定资产清理　　61 200

　　贷：应交税费——应交增值税（销项税额）　　61 200

结转固定资产清理净损失的会计分录如下。

借：营业外支出　　393 800

　　贷：固定资产清理　　393 800

固定资产清理的账务处理

固定资产清理的账务处理，具体包括以下几个环节。

1. 固定资产转入清理

固定资产转入清理时，按照该项固定资产的账面价值，应借记“固定资产清理”科目；按照已计提的累计折旧，应借记“累计折旧”科目；按照已计提的减值准备，应借记“固定资产减值准备”科目；按照固定资产账面原价，应贷记“固定资产”科目。

2. 清理费用的账务处理

在固定资产清理过程中应支付的相关税费和其他费用，应借记“固定资产清理”科目，贷记“银行存款”“应交税费——应交营业税”等科目。

3. 出售收入与残料等的账务处理

企业在收回出售固定资产的价款、残料价值以及变价收入时，应冲减清理支出。按照实际收到的出售价款以及残料变价收入等，借记“银行存款”“原材料”等科目，并贷记“固定资产清理”科目。

4. 保险赔偿的账务处理

企业在计算或收到应由保险公司或过失人赔偿的损失时，应该冲减支出，借记“其他应收款”“银行存款”等科目，并贷记“固定资产清理”科目。

5. 清理净损益的账务处理

固定资产清理完成之后的净损失，属于企业在生产经营期间比较正常的处理损失，应借记“营业外支出——处置非流动资产损失”科目，并贷记“固定资产清理”科目；属于生产经营期间因自然灾害等非正常原因造成的损失，应借记“营业外支出——非常损失”科目，贷记“固定资产清理”科目；而固定资产清理完成之后的净收益，应借记“固定资产清理”科目，贷记“营业外收入”科目。

【例】甲企业出售2009年12月31日以前购买的一辆轿车，金额是300 000元，轿车已累计折旧280 000元，按照税法规定，应征收4%的税率并且开具普通发票减半征收。后来同某供应商商议，可按照260 000元抵冲其欠款。

可按照下列计算方法确定具体的销售额及应纳税额。

销售额=含税销售额÷（1+4%）=260 000÷（1+4%）=250 000（元）

应纳税额=销售额×4%÷2=250 000×0.04÷2=5 000（元）

甲企业清理固定资产的账务分录如下。

借：其他应付款　　　　　　255 000

　　贷：固定资产清理　　　　250 000

　　　　应交税金　　　　　　5 000

第十章
更上一层楼——负债及所有者权益的账务处理

负债是企业必须偿还的一种经济债务，其偿还期限及金额受到了合同或法规的制约，偿还负债也是企业必须履行的义务。而所有者权益是企业资产在扣除负债之后，由所有者享有的剩余权益，在股份制企业中又被称为股东权益，它是企业投资人对企业净资产的所有权。但所有者权益会随着总资产和总负债发生的变动而同样发生一些增减变化。

负债概述

负债指的是企业由过去的交易或具体事项而形成的，预期将会导致经济利益流出企业的一种现时义务。其中，现时义务指的是企业在现行的条件下已经承担的义务；但未来将要发生的交易或事项而形成的义务，不属于现时义务，也不应当被确认为负债。

负债的特征

负债具有下列几方面特征。

（1）负债的基本特征是企业应当承担的现时义务。

（2）负债的本质特征是预期会导致经济利益流出企业。也就是说，只有在履行义务会导致企业经济利益流出时，才符合负债的定义。当企业履行现时义务进行清偿负债时，企业流出经济利益的形式是多种多样的，比如，以现金或以实物资产的形式偿还；以提供劳务的形式偿还；把负债转为资本等。

（3）负债的另一个特征是由企业过去的交易或事项所形成的。也就是说，只有过去的交易或事项才能够形成负债；将来要发生的交易可能产生的债务，则不能当成负债。

（4）负债是以法律、有关制度条例或者合同契约的承诺作为依据的。负债的实质是，企业在一段时期以后必须偿还的经济债务，其偿还期或者具体的金额由合同及法规所规定，是企业必须履行的一种义务。

负债确认的条件

一项现时义务如果被确认为负债，则除了符合前面提到的负债的定义外，还需同时满足下列条件。

（1）与该义务相关的经济利益很可能会流出企业。在企业经营的具体实务中，企业履行义务时所流出的经济利益往往带有很大的不确定性，特别是与推定义务相关的经济利益，通常需要依赖大量的预估。因此，如果确实有确凿的证据表明，与现时义务相关的经济利益很可能流出企业，就应当立即将其作为负债并予以确认。反之，就不应将其作为负债予以确认。

（2）企业未来流出的经济利益的金额，必须能够可靠地计量。也就是说，同法定义务相关的经济利益的流出金额，应该能够按照合同或法律规定的金额予以确定。但考虑到有些“未来期”持续的时间比较长，企业还需要考虑其金额计量是否受到了货币时间价值、风险等因素的影响，并对其进行预估、预判。

负债的分类

企业负债有很多不同的分类标志。其中最重要的就是按照偿付期限的长短，将其分为流动负债与非流动负债。

流动负债主要包括短期借款、预收账款、应付职工薪酬、应交税费、应付股利、其他应付款、应付账款、预提费用等。

非流动负债主要包括长期借款、长期应付款和应付债券等。

流动负债的账务处理

流动负债，指的是企业在一年（含一年）或者超过一年的一个营业周期内，需要用流动资产或增加其他负债的方式抵偿的债务。流动负债反映的是企业的短期偿债能力，这也是债权人非常关心的财务指标，在资产负债表上也应把流动负债单独列示。

流动负债的分类

1. 按偿还金额可确定程度的分类

按照偿还金额的可确定程度，流动负债可分为以下几类。

（1）能够确定金额的流动负债，是指有确切的债权人和偿付日期，并且还有确切的偿付金额的流动负债。

（2）需要视经营情况确定支付金额的流动负债，是指具体的负债金额，需要等到企业在一定的经营期结束后，才可按照企业的经营状况确定的流动负债。

（3）需要预估金额的流动负债，是指流动负债的具体金额、偿还日期以及债权人在资产负债表编制日时仍难以确定，或者是虽然有债权人或偿付日期，但其偿付金额仍按照以往的经验或者依据相关资料予以估计。

2. 按流动负债产生的原因分类

按照流动负债产生原因的不同，流动负债可以分为以下几类。

（1）融资活动形成的流动负债，是指企业从银行及其他金融机构筹集资金而形成的流动负债，其中包括短期借款及预提的借款利息。

（2）营业活动形成的流动负债，是指在正常的生产经营活动中，企业形成的流动负债，包括外部业务结算形成的流动负债，例如应付票据、应付账款、应交税费等，也包括内部往来形成的流动负债，例如应付职工薪酬等。

（3）结算活动形成的流动负债，是指企业同外部相关单位进行结算等经营活动而形成的流动负债，例如应付账款等。

（4）分配活动形成的流动负债，是指企业在利润分配过程中形成的流动负债，例如应付股利等。

3. 按偿付手段分类

按照流动负债的偿付手段的不同，流动负债可以分为以下两类。

（1）货币性流动负债，是指需要用货币资金进行偿还的流动负债，例如短期借款、应付职工薪酬、应交税费等。

（2）非货币性流动负债，是指不需要用货币资金进行偿还的流动负债，例如预收账款等。

流动负债的计价

从理论上讲，对所有负债的计价，都应当考虑货币时间价值的影响，也就是说无论其偿还期的时间长短，都应在负债发生时按照未来偿付数额的贴现值计价入账。

而在具体的会计实务中，为了便于财务人员处理账务，就会把流动负债按照企业业务发生时的金额（即到期值或面值）计价入账。

这样处理之后的结果，虽然可能会导致负债高估，但因为流动负债的偿还期比较短，其到期值或面值的实际价值与现值之间的差额很小，所以我们按照财务重要性原则，对流动负债进行适当高估的处理方法是允许的，并且也在会计实务中普遍采用。

例如，企业以赊购的方式购入了一批存货，应付账款是90 000元，付款期限为三个月，没有利息，那么在三个月后应付的金额就是90 000元。因此在这种情况下，未来应付的90 000元，其实已经隐含了三个月的利息，而现值应该是扣除了三个月利息后的余额，但它们之间的金额相差不多。

短期借款的账务处理实例

短期借款，指的是企业从银行或者其他金融机构，借入偿还期在一年之内

（特殊情况下可超过一年，但在一个营业周期以内）的款项。

【例1】甲企业于5月1日从银行取得偿还期为6个月的借款80 000元，年利率为6%。该款项到期后按期如数归还，每季度结息一次。根据以上资料，编制会计分录如下。

借：银行存款　　80 000

　　贷：短期借款　　80 000

【例2】仍以例1的资料为例。这家企业采用预提法对利息费用进行核算。

4月、5月已经预提了利息费用400元，一共预提800元，具体的会计分录如下。

借：财务费用　　400

　　贷：预提费用　　400

6月份，实际支付的借款利息为1 200元，具体的会计分录如下。

借：预提费用　　800

　　财务费用　　400

　　贷：银行存款　　1 200

6月份，也可以在实际支付借款利息时，做如下会计分录。

借：预提费用　　1 200

　　贷：银行存款　　1 200

6月末时，做如下会计分录。

借：财务费用　　400

　　贷：预提费用　　400

【例3】仍以例1资料为例。这家企业已经偿还了短期借款80 000，编制会计分录如下。

借：短期借款　　80 000

　　贷：银行存款　　80 000

应付和预收款项的会计处理实例

1．应付票据

【例】乙企业于6月1日购入了一批原材料，买价是40 000元，增值税为6 800元，共计46 800元，原材料现已验收入库，并在结算时采用商业汇票的方式。这家企业签付了一张商业汇票，付款期限是4个月。10月1日用银行存款支付了票据款46 800元。按照以上有关资料，应进行以下账务处理。

（1）6月1日，签付商业承兑汇票46 800元，应做会计分录如下。

借：原材料　　40 000

　　应交税费——应交增值税（进项税额）　　6 800

　　贷：应付票据　　46 800

（2）10月1日，支付票据款46 800元，应做会计分录如下。

借：应付票据　　46 800

　　贷：银行存款　　46 800

2. 应付账款

【例】丙企业于5月3日以赊购的方式买入一批原材料，在发票上注明的买价是20 000元，增值税是3 400元，共计23 400元，现原材料已经入库。付款条件是2/10、1/20、*N*/30。该企业采用总价法进行核算。5月13日支付了实际价款22 932元［23 400×（1−2%）］，取得现金折扣468元。应进行以下账务处理。

（1）5月3日，购入原材料时，按照总价入账，应做以下会计分录。

借：原材料　　20 000

　　应交税费——应交增值税（进项税额）　　3 400

　　贷：应付账款　　23 400

（2）5月13日，支付价款22 932元，应做以下会计分录。

借：应付账款　　23 400

　　贷：银行存款　　22 932

　　　　财务费用　　468

3. 预收账款

【例】某企业根据相关的预收账款业务，进行如下账务处理。

（1）6月30日，预收加汇公司货款40 000元，存入银行。应做如下会计分录。

借：银行存款　　40 000

　　贷：预收账款——加汇公司　　40 000

（2）7月30日，向加汇公司发了一批货物，价款如果不含税，则是100 000元，增值税为17 000元，用银行存款代垫运杂费1 000元，共计118 000元；加汇公司尚未补付货款。对此应做如下会计分录。

借：预收账款　　118 000

　　贷：主营业务收入　　100 000

　　　　应交税费——应交增值税（销项税额）　　17 000

　　　　银行存款　　1 000

（3）7月30日，“预收账款——加汇公司”明细科目借方余额78 000元，列入资产负债表的“应收账款”项目。

8月6日，收到加汇公司补付的货款78 000元，存入银行。应做如下会计分录。

借：银行存款　　78 000

　　贷：预收账款——加汇公司　　78 000

如果这家企业没有设“预收账款”科目，则发生上述业务时账务处理过程如下。

（1）6月30日，预收货款时，应做如下会计分录。

借：银行存款　　40 000

　　贷：应收账款——加汇公司　　40 000

（2）6月30日，“应收账款——加汇公司”明细科目贷方余额为40 000元，应列入资产负债表的“预收账款”项目。

7月30 日发货时，应做如下会计分录。

借：应收账款——加汇公司　　118 000

　　贷：主营业务收入　　100 000

　　　　应交税费——应交增值税（销项税额）　　17 000

　　　　银行存款　　1 000

（3）8月6日，收到补付货款时，应做如下会计分录。

借：银行存款　　78 000

　　贷：应收账款　　78 000

非流动负债的账务处理

非流动负债，又称为长期负债，指的是偿还期在一年或超过一年的一个营业周期以上的债务。非流动负债是企业为了筹集长期投资项目所需资金而出现的，主要包括长期借款、应付债券、长期应付款等。

非流动负债的优点及缺点

1. 非流动负债的优点

（1）非流动负债可以让企业的股权结构保持不变及股票价格稳定。

（2）非流动负债不影响股东对企业的控制权。

（3）举借非流动负债可以增加股东的收益。

（4）非流动负债所支付的利息具有抵税功能。

2. 非流动负债的缺点

（1）举借非流动负债也有可能让股东收益减少。

（2）举借非流动负债要按照规定到期偿还。

（3）举借非流动负债也可能为企业带来比较大的财务风险。

非流动负债的分类

按照筹措的方式，企业的非流动负债可以分为下列几类。

1. 长期借款

长期借款指的是企业从银行或者其他金融机构，借入期限在一年以上（不含一年）的各种长期借款，它又可具体分为以下几种。

（1）按照长期借款单位，长期借款可分为国内贷款和国外贷款。

（2）按照贷款币种，长期借款又可分为人民币贷款和外币贷款等。

企业介入长期借款时，要按照规定的手续办理，并支付长期借款的利息，在规定的期限内予以归还。

2. 应付债券

应付债券指的是企业为了筹集长期资金而发行的，一年期以上的到期需要还本、付息的长期负债。按照不同的标准，可对应付债券进行以下分类。

（1）按照偿还本金的方式，应付债券可分为一次还本债券和分期还本债券。

（2）按照支付利息的方式，应付债券可分为到期一次性付息债券和分期分息债券。

（3）按照是否可以转换为发行企业股票，应付债券可分为可转换债券及不可转换债券。

（4）按照有无担保品，应付债券可分为抵押债券和信用债券。

（5）按照是否记名，应付债券可分为记名债券与不记名债券。

长期借款的账务处理实例

【例】某企业从银行取得了3 000 000元的长期借款，用于企业的生产经营周转，期限是3年，年利率为10%，按照复利计息，每年需计息一次，到期应一次性归还本息。目前，此借入款项已存入开户银行。

该项长期借款用于企业经营周转的项目，按期确认的长期借款利息应当费用化，并计入财务费用。该笔业务的账务处理过程如下。

（1）取得长期借款时的会计分录如下。

借：银行存款　　　　　　　　3 000 000

　　贷：长期借款　　　　　　3 000 000

（2）第一年年末计息时的会计分录如下。

借：财务费用　　　　　　　　300 000

　　贷：长期借款　　　　　　300 000

说明：第一年的利息＝3 000 000×10%＝300 000（元）

（3）第二年年末计息时的会计分录如下。

借：财务费用　　　　　　　　330 000

贷：长期借款　　　　　　　　330 000

说明：第二年的利息 =（3 000 000 + 300 000）× 10% = 330 000（元）

（4）第三年年末计息时的会计分录如下。

借：财务费用　　　　　　　　363 000

贷：长期借款　　　　　　　　363 000

说明：第三年的利息 =（3 300 000+330 000）× 10% = 363 000（元）

（5）到期偿还本息时的会计分录如下。

借：长期借款　　　　　　　　3 993 000

贷：银行存款　　　　　　　　3 993 000

说明：3年累计利息 = 300 000 + 300 000 + 363 000 = 993 000（元）

应归还本金利息合计 = 3 000 000+993 000 = 3 993 000（元）

所有者权益概述

所有者权益指的是资产扣除负债之后，由所有者应该享有的剩余权益，即在一个会计主体的一定时期内，所拥有或者可控制的具有未来经济利益资源的净额。

所有者权益的特征

（1）所有者权益是企业能够长久使用的一种资金来源，除非发生了减资或清算等状况，否则，企业不需要偿还所有者权益。

（2）企业在进行清算时，所有者权益的清偿应该被列在负债之后。

（3）所有者权益的满足，是由企业实现的收益程度决定的。

所有者权益与债权人权益的区别

（1）企业的所有者与债权人都为企业提供资金，两者都有对企业资产的要求权，但它们之间又有明显的区别，区别具体表现为：性质不同、权利不同、偿还期限不同、风险不同、计量不同。

（2）所有者权益只是剩余权益，即在偿还了债权人的权益后，剩余部分才是所有者权益。由此可见，债权人对企业资产的要求权要优先于所有者。

（3）企业所有者凭借其对企业投入的资本，有享受分配税后利润的权利。而债权人除了按照相关规定取得股息外，不能分配企业的盈利。

（4）企业所有者具有行使企业经营管理权的权利，或是授权其他管理人员行使经营管理权，而债权人却没有任何经营管理权。

（5）企业所有者对企业的债务及亏损负有责任，而债权人对企业的亏损则不承担责任。

所有者权益的来源

通常情况下，所有者权益有下列形成渠道：所有者投入的资本；所有者投资之后的经营增值，如留存收益；直接计入所有者权益的利得与损失。

其中，利得指的是由企业非日常活动所形成的、会导致所有者权益增加的、与所有者投入资本无关的经济利益的流入，通常分为以下直接计入所有者权益的利得及直接计入当期利润的利得两种。

损失指的是由企业非日常活动所发生的、会导致所有者权益减少的、与所有者分配利润无关的经济利益的流出，通常分为直接计入所有者权益的损失及直接计入当期利润的损失两种。

所有者权益的表现形式分类

1. 按构成划分

按照所有者权益的构成划分，它可分为投入资本、资本公积及留存收益这三类。

（1）投入资本。投入资本指的是所有者在企业注册资本的范围内，实际投入的资本。按照形式的不同，投入资本可分为货币投资、实物投资及无形资产投资。

（2）资本公积。资本公积指的是归所有者共有的、非收益转化而形成的资本，其中包括资本溢价（即股本溢价）及其他资本公积等。

（3）留存收益。留存收益指的是归所有者共有的、由收益转化而形成的所有者权益，其中包括法定盈余公积、任意盈余公积及未分配利润。

2. 按经济内容划分

按照所有者权益的经济内容划分，它可分为投入资本、资本公积、盈余公积及未分配利润这四种。

3. 按形成渠道划分

按照所有者权益的形成渠道划分，它可分为原始投入的资本与经营中形成的资本。前者包括投入资本与资本公积，后者包括盈余公积与未分配利润。

所有者权益的账务处理

所有者权益是所有者在企业资产中享有的经济利益，在一些股份制企业被称为股东权益，或是被称为产权或净资产。而所有者权益的账务处理，主要是针对实收资本、资本公积和盈余公积这三个科目。

实收资本的账务实例处理

1. 股份有限公司之外的企业接受现金资产投资

【例】甲、乙、丙共同投资设立M有限责任公司，注册资本为4 000 000元，甲、乙、丙持股比例分别为60%、25%和15%。按照公司的章程规定，甲、乙、丙投入的资本分别是2 400 000元、1 000 000元和600 000元。目前，M公司已经按期收到了各投资者应缴纳的款项，所以该公司在进行会计处理时，应编制的会计分录如下。

借：银行存款　　　　　　　　4 000 000

　　贷：实收资本——甲　　　　2 400 000

　　　　　　　　——乙　　　　1 000 000

　　　　　　　　——丙　　　　600 000

2. 股份有限公司接受了其他的现金资产投资

【例】A股份有限公司发行了20 000 000股普通股，每股面值为1元，每股的发行价格为5元。假定股票能够发行成功，并且100 000 000元股款也已全部收到。如果不考虑发行过程中的税费等因素的影响，则按照上述相关资料，A公司应编制的会计分录如下。

借：银行存款　　　　　　　　　　　　100 000 000
　　贷：股本　　　　　　　　　　　　　20 000 000
　　　　资本公积——股本溢价　　　　　80 000 000

说明：计入“资本公积”科目的金额＝100 000 000−20 000 000
　　　　　　　　　　　　　　　　＝80 000 000（元）

3. 接受其他公司投入的固定资产

【例】B有限责任公司成立之初，收到了C公司作为资本投入的一台不需要安装的机器设备，价值为4 000 000元，增值税进项税额为680 000元（假设不允许抵扣），且固定资产价值与公允价值相符。如果不考虑其他因素的影响，则B公司进行会计处理时，应编制的会计分录如下。

借：固定资产　　　　　　　　　　　　4 680 000
　　贷：实收资本——C公司　　　　　　4 680 000

4. 接受作为资本投入的材料物资

【例】D有限责任公司在成立之初，收到了E公司作为资本投入的一批原材料，价值（不含可抵扣的增值税进项税额部分）是500 000元，增值税进项税额是85 000元。D公司已为其开具了增值税专用发票。假定价值与公允价值相符，并且该进项税额也允许抵扣，在不考虑其他因素影响的情况下，D有限责任公司在进行会计处理时，应编制的会计分录如下。

借：原材料　　　　　　　　　　　　　500 000
　　应交税费——应交增值税（进项税额）　85 000
　　贷：实收资本——E公司　　　　　　585 000

5. 接受投入的无形资产投资

【例】G有限责任公司在成立之初，收到了H公司作为资本投入的一项非专利技术，价值为120 000元。与此同时，还收到了J公司作为资本投入的一项土地使用权，价值为160 000元。假设该公司接受非专利技术与土地使用权均符合国家的相关规定，并按照合同约定进行实收资本入账，价值与公允价值也相符，在不考虑其他因素影响的情况下，该公司在进行会计处理时，应编制的会计分录如下。

借：无形资产——非专利技术　　　　　120 000
　　　　　　——土地使用权　　　　　160 000

贷：实收资本——H公司　　　　120 000

——J公司　　　　160 000

6. 实收资本（或股本）增加

【例】甲、乙、丙共同投资成立了K有限责任公司，最初的注册资本是8 000 000元，甲、乙、丙分别出资1 000 000元、4 000 000元和3 000 000元。但为了扩大经营规模，经股东大会批准，K公司注册资本扩大为10 000 000元，甲、乙、丙按照原出资比例分别追加投资250 000元、1 000 000元和750 000元。K公司按期收到了这三个人追加的现金投资。该公司在进行会计处理时，应编制的会计分录如下。

借：银行存款　　　　2 000 000

贷：实收资本——甲　　　　250 000

——乙　　　　1 000 000

——丙　　　　750 000

7. 实收资本（或股本）减少

【例】L公司在2010年12月31日的股本为200 000 000股，面值为1元，资本公积（股本溢价）为60 000 000元，盈余公积为80 000 000元。后来经过股东大会批准，L公司用现金回购本公司的股票40 000 000股，并予以注销。假设L公司按照每股2元的价格回购股票，在不考虑其他因素影响的情况下，L公司的账务处理过程如下。

（1）回购本公司股票时的会计分录如下。

借：库存股　　　　80 000 000

贷：银行存款　　　　80 000 000

说明：库存股本＝40 000 000×2＝80 000 000（元）

（2）注销本公司股票时的会计分录如下。

借：股本　　　　40 000 000

资本公积——股本溢价　　　　40 000 000

贷：库存股　　　　80 000 000

说明：应冲减的资本公积＝40 000 000×2−40 000 000×1＝40 000 000（元）

资本公积的会计账务处理实例

【例1】某有限责任公司是由张、王、李、赵四个人各出资300万元共同设立的，成立之初时的实收资本是1 200万元，目前，已经经营了5年，留存收益也达到了100万元，但为了扩大公司的经营规模，这四人决定对公司进行重组并吸纳了刘加入，同意他以400万元现金出资，刘在出资之后可占该公司全部资本的20%，与此同时，将公司的注册资本增资为1 500万元。按照前面所述的经济业务，企业应做的账务处理如下。

刘应享有企业注册资本的份额＝15 000 000×20%＝3 000 000（元）

资本溢价＝4 000 000−3 000 000＝1 000 000（元）

借：银行存款　　　　　　　　　　　4 000 000

　　贷：实收资本——刘　　　　　　　3 000 000

　　　　资本公积——资本溢价　　　　1 000 000

【例2】某股份有限公司向某证券公司委托，代理发行1 500万股普通股，每股的面值为1元，按照每股1.3元的价格发行。证券公司应按照发行收入的3%收取手续费，而收到的股款目前已存入银行。按照上述经济业务，企业的账务处理如下。

公司收到的股款＝15 000 000×1.3×（1− 3%）＝18 915 000（元）

应记入“资本公积”科目的金额＝18 915 000 −15 000 000 ＝3 915 000（元）

借：银行存款　　　　　　　　　　18 915 000

　　贷：股本　　　　　　　　　　15 000 000

　　　　资本公积——股本溢价　　　3 915 000

【例3】2015年6月，某股份企业用权益结算的股份支付并换取另一家企业提供服务，确定的金额是400 000元，某企业应编制的会计分录如下。

借：管理费用　　　　　　　　　　　400 000

　　贷：资本公积——其他资本公积　400 000

在行权日时，用实际行权的权益工具数量，计算出确定的金额是300 000元，应计入股本的金额是200 000元，某企业应编制的会计分录如下。

借：资本公积——其他资本公积　　　　300 000

　　贷：股本　　　　　　　　　　　　200 000

资本公积——股本溢价　　　　　　100 000

盈余公积的账务处理实例

企业在按照相关规定提取盈余公积时，应通过“利润分配”及“盈余公积”等科目进行账务处理。

【例】Z股份有限公司在本年度，一共实现了10 000 000元的净利润，但在年初未分配利润为0。后来经过股东大会的批准，Z股份有限公司按照当年净利润的10%提取了法定盈余公积。在不考虑其他因素影响的情况下，Z股份有限公司应编制的会计分录如下。

借：利润分配——提取法定盈余公积　　　　1 000 000

　　贷：盈余公积——法定盈余公积　　　　1 000 000

说明：本年度应提取的盈余公积金额＝10 000 000×10%＝1 000 000（元）

第十一章

游刃有余——操作收入和费用的账务

收入是企业在日常经济活动中形成的，会导致所有者权益增加以及同所有者投入资本无关的经济利益的总流入。而费用正好与收入相反，是企业在日常经济活动中形成的，会导致所有者权益减少以及与所有者投入资本无关的经济利益的总流出。只有把收入和费用的各种类型划分清楚，才能更好地进行企业的成本核算，从而更清楚地了解企业利润是如何形成的。

收入概述

收入指的是企业在销售商品、提供劳务以及让渡资产使用权等日常活动中所形成的经济利润的总流入，包括销售商品收入、租金收入、劳务收入、利息收入、使用费收入、股利收入等，但不包括为第三方或者客户代收的款项。

正确理解收入的概念

正确理解收入的概念，是财务人员做好收入核算的重要前提。在理解收入的概念时，我们要注意以下几点。

（1）日常活动的含义。所谓日常活动，指的是企业为了完成其经营目标而从事的所有活动以及与其相关的一些其他活动。例如制造业进行商品的销售，商业银行提供贷款服务，广告商提供广告策划服务，商品流通企业销售商品、出租固定资产，等等。

（2）经济利益的含义。所谓经济利益，指的是现金或者最终能够转化为现金的非现金资产。此外，收入是同所有者投入资本无关的经济利益的总流入，会使资产增加。

（3）企业代第三方收取的款项，应该被作为负债处理，而不应当被确认为收入。

收入的特点

（1）收入是从企业的日常经营活动中产生的，而不是从一些偶发的交易或者事项中产生的。例如工商企业的收入，是从其销售商品、提供工业性劳务等日常活动中不断产生的，但却不是从处置固定资产等非正常活动中产生的。

（2）收入既可表现为增加企业资产，比如增加银行存款、应收账款等；也可能会表现为减少企业负债，比如以商品或者劳务抵偿债务；也可能是两者兼而有之，比如使用商品销售货款中的一部分抵偿债务，或收取部分现金等。

（3）收入能够表现为增加企业的所有者权益。因为收入既能增加资产或减少负债，也能让这两者兼而有之。所以，按照“资产-负债=所有者权益”这个公式即可得出，当企业取得收入时，就一定能增加所有者权益。但收入在扣除相关成本费用的净额之后如果为负数，则也可能会表现为所有者权益减少。

（4）收入仅仅包括本企业流入的经济利益，却不包括为第三方或客户代收的款项，比如企业代国家收取增值税，商业银行代委托贷款企业收取利息，旅行社代客户购买门票、飞机票而收取的票款，等等。因为这些代收的款项，虽然可以增加企业的资产，但在一方面却又增加了企业的负债，所以既不会增加企业的所有者权益，也不属于本企业流入的经济利益，也就不能作为本企业的收入。

收入的分类

收入有很多种不同的分类方法。

（1）按照收入的性质，收入可分为销售商品收入、提供劳务收入及让渡资产使用权等取得的收入。

（2）按照企业经营业务的主次分类，收入可以分为主营业务收入与其他业务收入。

但不同行业的主营业务收入所包括的内容也不同。例如，如果是工业性质的企业，则其主营业务收入主要包括销售商品、代制品、代修品、自制半成品以及提供工业性劳务等；而商品流通企业的主营业务收入，主要包括销售商品后所取得的收入。

此外，对主营业务收入占企业收入的比重比较大的企业来说，收入的多少对企业的经济效益会产生非常大的影响。而其他业务收入占比较小的企业，其收入主要包括一些出租的收入等。在企业的会计财务核算中，对经常性、主要业务所产生的收入，应该单独设置“主营业务收入”科目以便核算；而对非经常性、兼营业务交易所产生的收入，应单独设置“其他业务收入”科目进行核算。

收入的确认原则

销售商品的收入在只有同时满足以下四项条件时，才可被确认。

（1）企业已把商品所有权所具有的主要风险与报酬转移给了购货方。

（2）企业一方面没有保留那些通常与所有权相联系的继续管理权，而另一方面也没有对已售出的商品实施继续控制。

（3）同交易有关的经济利益很可能已流入企业。其中，与交易相关的经济利益往往会表现为销售商品的具体价款及金额。而在具体的实务中，企业售出的商品也应完全符合合同或协议所规定的要求，并且已经把发票账单交付给买方，买方也已承诺付款，即表现为销售商品的价款可以收回。

（4）能够可靠地计量相关的收入与成本。这也是能够确认收入的基本前提，但如果成本不能可靠地计量，则即便是其他条件都可以满足，相关的收入也不能被确认。

收入的账务处理

为了能够总体概括、反映企业产品销售收入的实现及转销，应设置“商品销售收入”账户。当实现商品销售收入时应贷记该账户；而发生销售退回、折让、折扣时，就应冲减本月商品销售收入；在期末时还要将本期商品销售收入结转至“本年利润”的账户。结转后，该账户不可有余额。

一般商品销售业务的账务处理

财务人员在进行商品销售的会计处理时，首先应考虑销售商品收入是不是满足收入确认的条件。而企业也应当提供确凿的证据，判断销售商品收入是否满足确认条件。在通常情况下，如果销售商品采用了托收承付方式，则在办妥相关手续时要确认收入；对交款提货销售商品的，在开具发票账单、收到货款时应确认收入。

财务人员在确认销售商品收入以后，先按照具体收到或者应收的金额，借记“应收账款”“应收票据”“银行存款”等科目；再按照已确定的销售收入金额，贷记“主营业务收入”等科目；然后按照增值税专用发票上注明的增值税税额，贷记“应交税费——应交增值税（销项税额）”科目；同时还应按销售商品的实际成本，借记“主营业务成本”等科目，贷记“库存商品”等科目。此外，企业也可以在月末结转本月已销商品的实际成本。

不符合收入确认条件商品的账务处理

如果企业已经售出的商品不符合销售商品收入确认的条件，就不应确认为收入。为了能够单独反映已发出但尚未确认销售收入的商品成本，企业就应该增设“发出商品”科目。“发出商品”科目，可以核算在一般的销售方式下，已经发出但还没有确认销售收入的商品成本。

财务人员在具体操作时，可按照发出商品的实际成本，借记“发出商品”科目，贷记“库存商品”科目。等到发出的商品已经满足收入确认条件时，就应结转销售成本，借记“主营业务成本”科目，贷记“发出商品”科目。此外，“发出商品”科目的期末余额，应并入资产负债表“存货”项目。

当发出商品确实不符合收入确认条件时，如果此时销售该商品的纳税义务已经发生了，例如已经为对方开具了增值税专用发票，则应该确认应交的增值税销项税额，借记“应收账款”等科目，贷记“应交税费——应交增值税（销项税额）”科目；但如果此时的纳税义务还没有发生，就不需要进行上述处理。

销售折让

如果企业已经确认的销售商品收入的售出商品，出现了销售折让的情况，就应按照应冲减的销售商品收入金额，借记“主营业务收入”科目，然后按照增值税专用发票上注明的应冲减的增值税销项税额，借记“应交税费——应交增值税（销项税额）”科目，最后再按照实际支付或者应退还的价款，贷记“银行存款”“应收账款”等科目。

此外，如果出现销售折让，企业在还没有确认销售商品收入时，就应在确认销售商品收入时，直接按照扣除销售折让后的金额确认。

收入的账务处理实例

【例】加汇公司是增值税一般纳税企业，可适用的增值税税率是17%。除特别注明外，商品销售价格均不含增值税额，销售实现时结转销售成本。2015年12月发生了下列业务。

（1）12月1日，加汇公司向X公司销售了一批商品，在增值税专用发票上注明的销售价格是400万元，增值税额是68万元。提货单及增值税专用发票都已经交给了X公司，X公司也已承诺付款。

加汇公司为了能够及时收回货款，就给予X公司一定的现金折扣，具体条件为：2/10、1/20、N/30（假设计算现金折扣时不考虑增值税的因素）。这批商品的实际成本是320万元。12月19日，加汇公司收到X公司支付的且已扣除所享受现金折扣金额后的款项并存入银行。关于该笔业务，加汇公司应编制的会计分录如下。

借：应收账款　4 680 000

　贷：主营业收入　4 000 000

　　应交税费——应交增值税（销项税额）　680 000

借：主营业务成本　3 200 000

　贷：库存商品　3 200 000

借：银行存款　4 640 000

　财务费用　40 000

　贷：应收账款　4 680 000

（2）12月2日，加汇公司收到了Y公司来函，要求对其在上个月，也就是11月10日购买的商品在价格上给予折让10%，此前加汇公司售出该批商品的价格为800万元，但并未收款。但经Y公司查核，这批商品在外观上存在比较严重的质量问题。于是加汇公司就同意了Y公司提出的折让要求。与此同时，加汇公司收到了Y公司交来的，由税务机关开具的索取折让的证明单，并为其开具了红字增值税专用发票。加汇公司应编制的会计分录如下。

借：主营业务收入　800 000

　应交税费——应交增值税（销项税额）　136 000

　贷：应收账款　936 000

（3）12月5日，加汇公司向Z公司销售了一批材料，价格是40万元，该材料的发出成本是32万元。当日加汇公司收取了面值为46.8万元的一张银行汇票。加汇公司应编制的会计分录如下。

借：应收票据　468 000

　贷：其他业务收入　400 000

　　应交税费——应交增值税（销项税额）　68 000

借：其他业务成本　320 000

　贷：原材料　320 000

（4）12月8日，加汇公司与M公司签订了一项购销合同。按照合同规定，加汇公司应为M公司制造并安装四台电梯，合同价款是1 000万元。按照合同规定，M公司应为加汇公司交付总价30%的预付价款，剩余价款则在加汇公司把商品运抵M公司，并且安装、检验合格后才会支付。加汇公司于12月18日把已完成的商品运到了M公司，并预计在12月31日，完成电梯安装任务的50%。该批电梯的实际成本是680万元，安装费用预计是10万元。加汇公司应编制的会计分录如下。

借：银行存款　　3 000 000
　　贷：预收账款　　3 000 000
借：发出商品　　6 800 000
　　贷：库存商品　　6 800 000

（5）12月10日，加汇公司售给L公司一批商品，销售价款是400万元，加汇公司已为对方开具了增值税专用发票，并把提货单和发票一起交给了L公司，L公司为加汇公司开出了一张商业承兑汇票，期限是三个月。由于L公司目前没有场地能够放置该批商品，经双方友好协商，2016年1月31日再去加汇公司提货。这批商品的实际成本是300万元，则加汇公司应编制的会计分录如下。

借：应收票据　　4 680 000
　　贷：主营业务收入　　4 000 000
　　　　应交税费——应交增值税（销项税额）　　680 000
借：主营业务成本　　3 000 000
　　贷：库存商品　　3 000 000

（6）12月31日，加汇公司与S公司签订了一件特制商品的合同。按照合同规定，商品总价是100万元（不含增值税额），自合同签订日起，加汇公司应在2个月内交货。自合同签订日，加汇公司就收到了S公司预付的款项60万元，并存入银行。但此时，商品制造的工作还没有开始，则加汇公司应编制的会计分录如下。

借：银行存款　　600 000
　　贷：预收账款　　600 000

（7）12月31日，加汇公司收到了X公司退回的12月1日所购商品总量的

20%。经查核，这批商品的确存在质量问题，于是加汇公司同意了X公司的退货要求。当日，加汇公司又收到了X公司交来的，由税务机关开具的进货退出证明单，并开具了红字增值税专用发票与支付退货的款项。加汇公司应编制的会计分录如下。

借：主营业务收入　　800 000

　　应交税费——应交增值税（销项税额）　　136 000

　　贷：银行存款　　928 000

　　　　财务费用　　8 000

借：库存商品　　640 000

　　贷：主营业务成本　　640 000

费用概述

费用指的是企业在日常活动中发生的，会导致所有者权益减少的，以及与所有者投入资本无关的经济利益的总流出。而企业发生费用是由于资产流出企业、资产损耗或负债增加而引起所有者权益减少。

费用的特征

无论费用是否包括损失，它都应该具备下列特征。

（1）费用肯定会导致企业资源的减少，而这种减少往往表现为企业资金的支出。从这个意义上讲，费用的本质是一种不断流出企业的资源，这同资源流入企业而形成的收入是完全相反的。因此，费用也可以被理解为是资产的耗费，其存在的目的是取得更多的收入，进而可以获得更多的资产。

（2）作为损益类要素的费用，它最终会让企业的所有者权益减少。通常来说，企业的所有者权益会随着收入的不断增长而增加；而相反的是，费用的不断增加就会减少所有者权益。但并不是所有的所有者权益减少都会被列入费用中，比如企业偿债性支出以及向投资者分配利润，虽然减少了所有者权益，但却并不能归入费用中。

（3）费用既可以表现为资产的减少，也可以表现为负债的增加，或者两者兼而有之。

费用的分类

1. 按经济内容分类

按照经济内容，可以把费用分为劳动对象方面的费用、劳动手段方面的费用和活劳动方面的费用三大类，主要有外购材料、外购燃料、外购动力、工资提取的职工福利费、折旧费、利息支出、税金、其他费用（指的是不属于以上各种费用要素的费用支出）。

按照以上费用要素反映的费用，就被称为要素费用。

2. 按经济用途分类

按照经济用途分类，费用可以反映企业在一定阶段内发生了哪些生产费用，费用的金额各是多少，这便于分析企业在各个阶段内，各种费用占到整个费用的比重，进而就可以分析出企业在各个时期中各种要素费用支出的水平，也利于企业考核费用计划的执行情况。

按照经济用途，可以把费用分为下列两类。

（1）生产成本，指企业为生产一定种类及数量的产品而发生的费用，即在产品成本项目中，直接材料、直接人工与制造费用的总和。

（2）期间费用，指不计入产品生产成本，而是直接计入当期损益的各项费用，包括管理费用、财务费用与销售费用。

此外，企业在一定期间内所发生的、不能直接归属于某个特定产品的生产成本费用，应归属于制造费用，在发生时须直接计入当期损益。

费用的确认条件

在确认费用发生时，首先要划分生产费用与非生产费用的界限。生产费用指的是与企业日常生产经营活动相关的费用，如因生产产品而发生的原材料费用、人工费用等；而非生产费用指的是不属于生产费用的费用，如因购建固定资产而发生的一些费用，就不属于生产费用。

其次，要分清生产费用与产品成本的界限。生产费用同一定的时期相关，同具体生产的产品无关；而产品成本则同一定品种与数量的产品相关。

最后，要分清生产费用同期间费用的界限。生产费用要计入产品成本，而期间费用则应直接计入当期损益。

通常情况下，费用的确认至少要满足下列条件。

（1）与费用相关的经济利益应当很可能会流出企业。

（2）经济利益流出企业会导致减少资产或增加负债。

（3）经济利益的流出额，能够可靠地计量。

费用的账务处理

在进行账务处理时，通常要将费用纳入相应的费用总账的科目中。会计业务中提到的费用通常是指期间费用，也就是管理费用、财务费用及销售费用，在期末时，还应将其余额转至“本年利润”账户，并转结当期利润。

管理费用的账务处理

1. 直接支付费用

属于直接支付费用的主要业务，通常有审计费、诉讼费、土地使用税、印花税、招待费、车船使用税等。

【例1】某企业以500元现金支付印花税。应编制的会计分录如下。

借：管理费用　　　　500

　　贷：现金　　　　500

【例2】某企业在月末结转了6 000元应付房产税，8 000元车船使用税，17 000元土地使用税，共计31 000元。应编制的会计分录如下。

借：管理费用　　　　31 000

　　贷：应交税金　　　　31 000

【例3】某企业计提并上缴应付统筹退休金25 000元。应编制的会计分录如下。

借：管理费用　　　　25 000

　　贷：其他应付款——统筹退休金　　　　25 000

借：其他应付款——统筹退休金　　　　　　25 000
　　贷：银行存款　　　　　　　　　　　25 000

2. 转账摊销费用

属于转账摊销费用的项目，通常有折旧费、低值易耗品摊销费、无形资产摊销费、提取坏账准备等。

【例1】某企业的无形资产需摊销7 000元。应编制的会计分录如下。

借：管理费用　　　　　　　　　　　　7 000
　　贷：无形资产　　　　　　　　　　7 000

【例2】某企业于年末计提坏账准备60 000元。应编制的会计分录如下。

借：管理费用　　　　　　　　　　　　60 000
　　贷：坏账准备　　　　　　　　　　60 000

3. 预付待摊费用

预付待摊费用，通常指的是固定资产修理费用。

【例】某企业的固定资产修理，采用的是待摊的方法，本月发生大修理费用为48 000元，为两年推销。应做如下账务处理。

（1）支付大修理费用时的会计分录如下。

借：长期待摊费用　　　　　　　　　　48 000
　　贷：银行存款　　　　　　　　　　48 000

（2）每月摊销时的会计分录如下。

借：管理费用　　　　　　　　　　　　2 000
　　贷：长期待摊费用　　　　　　　　2 000

4. 预提应付费用

预提应付费用，指的是企业采用预提的方法，核算本应由本期负担却在以后由各期支付的费用，如企业选择预提方法核算固定资产大修理费、企业计提的职工教育经费等。

【例】某企业固定资产的大修理费用采用预提的方式进行。

（1）本月预提大修理费2 000元。应编制的会计分录如下。

借：管理费用　　　　　　　　　　　　2 000
　　贷：预提费用——预提大修理费用　　2 000

（2）支付固定资产大修理费用30 000元，其中已提取20 000元。应编制的会计分录如下。

借：预提费用——预提大修理费用　　20 000

　　管理费用　　10 000

　　贷：银行存款　　30 000

财务费用的账务处理

财务费用是企业为筹集资金而发生的各种费用，包括利息支出、汇兑损失、金融机构手续费和筹集生产经营资金发生的其他费用。

企业发生的财务费用，应借记本科目，并贷记“银行存款”“未确认融资费用”等科目；而企业发生的应冲减财务费用的利息收入、汇兑损益、现金折扣等，应借记“银行存款”“应付账款”等科目，贷记本科目。

期末结账时，应将本科目的余额转入“本年利润”科目中，所以在结转后本科目应无余额。

【例1】某企业于2015年1月1日，向某银行借入一笔生产经营用的短期借款1 500 000元，期限为6个月，年利率为5%，该借款应在本金到期后一次归还，利息分月预提，按季支付。假设在1月份时，其中的1 000 000元暂时作为闲置资金被存入了银行，还获得了3 500元的利息收入。假设所有利息均不符合利息资本化条件，则应编制的会计分录如下。

（1）1月末，计提当月应付利息为：$1\ 500\ 000 \times 5\% \div 12 = 6\ 250$（元）。

借：财务费用　　6 250

　　贷：应付利息　　6 250

（2）同时，当月取得了3 500元的利息收入，作为冲减财务费用处理，应编制的会计分录如下。

借：银行存款　　3 500

　　贷：财务费用　　3 500

【例2】某企业于2015年1月1日，以平价发行了公司债券，面值为800 000 000元，期限为2年，年利率为5%，到期后本息一次归还。由于在债券发行的过程中，发生了3 000 000元的手续费，应编制的有关手续费的会计分录如下。

借：财务费用　　3 000 000

贷：银行存款　　　　　　　　　　　3 000 000

销售费用的账务处理

销售费用通常包括保险费、广告费、商品维修费、运输费、装卸费、包装费、展览费、预计产品质量保证损失以及为销售本企业商品而专设的销售机构（其中包含销售网点、售后服务网点等）的职工薪酬、业务费、折旧费等经营费用。

企业应设“销售费用”科目，本科目为核算企业在销售商品、材料以及提供劳务的过程中发生的各种费用。

企业在销售商品过程中，发生的包装费、保险费、展览费、广告费、运输费、装卸费等费用，应借记本科目，并贷记“库存现金”“银行存款”等科目。

企业发生的为销售本企业商品而专设的一些销售机构的职工薪酬、业务费等经营费用，应借记本科目，并贷记“应付职工薪酬”“银行存款”“累计折旧”等科目。

期末结账时，应将本科目的余额转入“本年利润”科目中，所以结转后本科目应无余额。

【例1】某公司为了宣传新产品，发生了300 000元的广告费，并以银行存款支付。应编制的会计分录如下。

借：销售费用　　　　　　　　　　300 000

　贷：银行存款　　　　　　　　　300 000

【例2】某公司销售部，在9月份一共发生了400 000元的费用。其中销售人员的薪酬为200 000元，销售部专用办公设备的折旧费为60 000元，业务费为140 000元。以上款项均以银行存款支付，应编制的会计分录如下。

借：销售费用　　　　　　　　　　400 000

　贷：应付职工薪酬　　　　　　　200 000

　　　累计折旧　　　　　　　　　60 000

　　　业务费　　　　　　　　　　140 000

其他业务费用的主要账务处理

当企业发生其他业务费用时，应借记本科目，贷记“原材料”“周转材料”“累计折旧”“累计摊销”“应付职工薪酬”“银行存款”等科目。

此外，其他业务费用在月末时，需结转至“本年利润”科目中，并借记“本年利润”科目，贷记本科目。在期末结账时，应将本科目的余额转入“本年利润”科目中，在结转后本科目应无余额。

【例】某公司于2015年1月1日，向另外一家公司转让了某项专利权的使用权。根据双方协议约定，转让期为5年，在每年的年末应收取120 000元使用费。2015年，该专利权应计提的摊销额是120 000元，每月应计提的金额是10 000元。如果不考虑其他因素的影响，则该公司做如下账务处理。

（1）2015年末，应确认使用费收入时的会计分录如下。

借：应收账款（或银行存款）　　120 000

　　贷：其他业务收入　　120 000

（2）2015年，每月应计提专利权摊销额时的会计分录如下。

借：其他业务成本　　10 000

　　贷：累计摊销　　10 000

第十二章

尽心尽力——纳税申报这样做

纳税申报是纳税人根据税法相关规定的期限与内容，向税务机关提交企业有关纳税事项书面报告的一系列行为。它是纳税人必须履行的纳税义务，也是企业应承担法律责任的主要依据。这是一项非常重要且十分严谨的工作，因为如果纳税申报工作稍有不慎，就会为企业带来一系列不必要的损失，比如多报税或因少报税而导致的罚款等。所以，企业的纳税申报工作通常是由专人负责的。

国税

国税也被称作中央税，由国家税务局的系统征收，是中央政府固定的收入来源，并归中央所有。

在我国经济发展的过程中，税收承担着极为重要的职能，比如组织财政收入、调控经济、调节社会分配等。目前，我国每年财政收入的90%以上来自于税收，其地位与作用变得越来越重要。

国税应交税种

由国税系统负责征收及管理的项目主要有：增值税，消费税，中央企业所得税，中央与地方所属企业、事业单位组成的联营企业及股份制企业的所得税，2002年1月1日以后登记成立的企业的企业所得税，地方和外资银行以及非银行金融企业所得税，海洋石油企业所得税及资源税，对储蓄存款利息所得征收的个人所得税，铁道、各银行总行及保险总公司集中缴纳的营业税、所得税和城市维护建设税，证券交易税，车辆购置税，出口产品退税，中央税的滞纳金、补税、罚款，按中央税及共享税附征的教育费附加（属于铁道、银行总行、保险总公司缴纳的入中央库，其他入地方库）。

此外，增值税、资源税、证券交易税等是中央与地方的共享税。这些共享税通常由国税局负责征收，然后再由国税局直接划入地方金库。

1. 增值税

增值税，是对企业在生产、销售商品或劳务的过程中实现的增值额征收的一种流转税。凡是在中华人民共和国境内，销售货物或提供加工、修理或修配劳务以及进口货物的单位及个人，均为增值税的纳税义务人。具体税率见表12-1。

表12-1 增值税率表

征收对象	增值税税目	税率
一般纳税人	销售货物或提供加工、修理或修配劳务以及进口货物	17%
	粮食、食用植物油	13%
	自来水、暖气、石油液化气、天然气等	13%
	图书、报纸、杂志	13%
	饲料、化肥、农药、农机、农膜	13%
	销售自来水，文物商店和拍卖行的货物，建筑用和生产建筑材料所用的砂、土、石料	6%
	运输发票上的运费金额	7%抵扣
	工厂回收的废旧物资	10%抵扣
小规模纳税人	工业企业和商业企业	3%

2. 企业所得税

企业所得税，是对各类企业和组织的生产、经营所得与其他所得而征收的一种税。这类企业和组织具体可包括国有、集体、私营、股份制、联营企业与其他组织以及外商投资企业与外国企业。通常情况下，所得税来源于企业在中国境内从事物质生产、交通运输、商品流通、劳务服务与其他营利事业的所得以及股息、利息、租金、转让资产收益、特许权使用费与营业外收益等所得。具体税率见表12-2。

表12-2 企业所得税率表

征收对象	税率
一般情况下，在中国境内设立机构场所的企业	25%
① 符合条件的小型微利企业 ② 在中国境内未设立机构、场所的，或者虽设立机构、场所但所得与其所设机构、场所没有实际联系的非居民企业	20%
国家需要重点扶持的高新技术企业	15%

3. 消费税

消费税，是对消费品或者消费行为征收的一种税。我国现行的消费税根据的是1993年12月13日由国务院发布的《中华人民共和国消费税暂行条例》，并从1994年1月1日起实行的。

消费税是政府向规定的各类消费品征收的一种税项，也是一种典型的间接税，其现行的征收范围主要包括烟、酒及酒精、鞭炮、焰火、化妆品、成品油、贵重首饰及珠宝玉石、高尔夫球及球具、高档手表、游艇、木制一次性筷子、实木地板、汽车轮胎、摩托车、小汽车等税目，有些税目还被进一步划分成若干子目。

消费税实行的是价内税，只在应交税消费品的生产、委托加工和进口环节缴纳。由于在其价款中已包含了消费税，因而在之后的批发和零售等环节，就不需要再缴纳消费税，也就是说，税款最终是由消费者承担的。

此外，在一般情况下，企业的增值税、营业税及附加税、所得税等，只要已经发生了就需要进行缴纳。而对其他的税种来说，通常一年只交一次就可以了，并且相对要交的金额也不是很多，也不必每月都交，而具体交税的时间，税务局会通知企业。

地税

地方税简称地税，是中央税（国税）的对称。地税是由地方政府负责征收、管理及支配的一类税收，它是按照税收的征收管理权及收入支配权进行的一种分类。简单来说，地方税属于地方的固定财政收入，是由地方管理与使用的税种。

地税应交的税种

企业缴纳地税的税种主要有营业税、企业所得税（除去在国税缴纳的部分）、资源税、个人所得税（除存款利息缴纳的个人所得税外都在地税缴纳）、土地增值税、印花税、城市维护建设税（不含铁道部门、各银行总行、各保险总公司集中缴纳的部分）、车船使用税、房产税、城镇土地使用税等。

企业每个月都应向其所在地的主管地税机关申报应缴纳税款。其中所得税在1～15日缴纳；土地增值税、个人所得税在1～7日缴纳。此外，车船使用税、城镇土地使用税以及房产税应在每年的3月和9月缴纳。

1．营业税

营业税，是指对在我国境内提供应税劳务、转让无形资产或者销售不动产的单位与个人收入所得的营业额所征收的一种税。营业税属于流转税制中的一个主要税种，其计税依据是各种应税劳务收入的营业额、转让无形资产的转让额以及销售不动产的销售额（这三者都统称为营业额），通常按照3%、5%和5%～20%的比例缴纳。具体税率见表12-3。

表12-3 营业税率表

营业税税目	税率
交通运输业	3%
建筑业	3%
金融保险业	5%
邮电通信业	3%
文化体育业	3%
娱乐业	5%～20%
服务业	5%
转让无形资产	5%
销售不动产	5%

2. 个人所得税

个人所得税，是以个人取得的各项应税所得，其中包括个人取得的工资、薪金所得，个体工商户的生产、经营所得等11个应税项目。除了工资、薪金所得适用5%～45%的九级超额累进税率，以及个体工商户的生产、经营所得与对企事业单位的承包经营、承租经营所得适用5%～35%的五级超额累进税率外，其余的各项征收比例均用20%的税率。

个人所得税的纳税期限为：代扣、代缴以及自行申报的纳税人每月应缴纳的税款，应在次月的7日以内缴入国库；而个体工商户的生产、经营所得应纳的税款，实行按年计算，并分月预缴，至年终后3个月内汇算清缴，多退少补；关于企事业单位的承包经营、承租经营所得应缴纳的税款，要按年计算，至年终的后30日内缴入国库；由中国境外取得所得收入的，在年终的后30日内，须将应纳的税款缴入国库。此外，年收入在12万元以上的纳税人，在年终的后3个月内，须自行向税务机关进行纳税申报。

3. 城镇土地使用税及土地增值税

城镇土地使用税，是以企业在城市、县城、建制镇以及工矿区范围内的土地为征税对象，以实际占用的土地面积为计税依据，并按照规定的相关税额对使用土地的单位及个人征收的一种资源税。此外，土地使用税应按年计算并分期缴纳。

土地增值税，是以纳税人转让的国有土地使用权、地上建筑物及其附着物而取得的增值额作为征税对象，并按照规定的相关税率征收。它实行的是四级超率累进税率，即30%、40%、50%及60%。纳税人应在自转让房地产合同签订之日起7日内，向房地产所在地的主管税务机关办理相关的纳税申报，并在其核定的期限内缴纳土地增值税。

4. 房产税及城市维护建设税

房产税，是以城市、县城、建制镇及工矿区范围内的房屋作为征税对象，并以房产余值或者租金收入作为计税依据，向产权所有人征收的税种。其税率分为两种：一种是按照房产余值计算应纳税额的，适用1.2%的税率；另一种是按照房产租金收入计算应纳税额的，适用12%的税率。房产税也是按年征收并分期缴纳。

城市维护建设税简称为城建税，是对缴纳增值税、消费税、营业税的单位及个人征收的一种税。城建税以纳税人实际缴纳的增值税、消费税、营业税作为计税依据，并分别按照7%（在市区）、5%（在县城、镇）和1%（不在市区、县城或镇）这三种税率缴纳。此外，城建税应与增值税、消费税、营业税同时缴纳。

5. 印花税及契税

印花税，是对经济活动及经济交往中书立、领受具有法律效力的凭证的行为征收的一种税。印花税的税率有比例税率和定额税率两种形式。印花税的比例税率有1‰、0.5‰、0.3‰和0.05‰。通常购销合同按照合同金额的0.3‰贴花；加工承揽合同按其收入的0.5‰贴花；财产租赁合同按其金额的1‰贴花，若税额不足1元，则按1元贴花；而借款合同按其金额的0.05‰贴花。权利、许可证等应按件贴花，每件5元。印花税在征收时，由纳税人按照相关规定自行计算其应纳税额，实行购买并一次贴足印花税票的缴纳办法。

契税，是以出让、转让、买卖、赠予、交换发生权属转移的土地、房屋作为征税对象，而承受的单位及个人为纳税人的一种财产税。通常以出让、转让、买卖土地、房屋的税基作为成交价格，而赠予土地、房屋的税基由征收机关核定，交换土地、房屋的税基应作为交换价格的差额，税率为3%～5%。纳税人应在自纳税义务发生之日起10日内，办理相关的纳税申报，并在契税征收机关核定的期限内缴纳税款。

以上所述的是中国目前地税管辖税种的相关介绍。值得注意的是，并不是每个纳税人都要缴纳所有的税种。只有发生了税法规定的应税行为，纳税人才需缴纳相对应的税收，如果纳税人没有发生这些应税行为，就不需缴纳与之相对应的税收。

发票的管理

发票指的是一切单位与个人，在购销商品、提供或者接受服务以及从事其他的经营活动中，开具与收取的业务凭证。发票可以证明业务已经发生，因此能够作为会计核算的原始依据，还是审计机关、税务机关对企业进行执法检查的重要依据。

发票的含义

发票是在企业的经济活动中，由售出商品方向购买商品方签发的文本，内容一般包括产品或服务的名称、质量、协议价格等。除了购买方的预付款以外，发票还应具备的要素是按照双方的议定条件由购买方向出售方付款，其中也包含日期、数量，因而发票能作为会计账务的重要凭证。

此外，发票也被称为付款单。根据我国会计制度的规定，有效购买产品或者服务的发票称为税务发票。发票作为内部审计及核算的对象，在每一张发票上必须具有其独一无二的流水账号码，以防止出现重复发票或跳号。

发票的种类

发票通常分为普通发票与增值税专用发票。

1. 普通发票

普通发票主要是由营业税纳税人与增值税小规模纳税人使用的。增值税一般纳税人在对方不能够开具专用发票的情况下，也可以使用普通发票。

普通发票又分行业发票和专用发票。前者适用于某个行业及经营业务，如商业零售统一发票、商业批发统一发票、工业企业产品销售统一发票等；后者仅适用于某一经营项目，如广告费用结算发票、商品房销售发票等。

普通发票的基本联次为三联：第一联为存根联，开票方留存备查用；第二联为发票联，收执方将其作为付款或收款原始凭证；第三联为记账联，开票方将其作为记账原始凭证。

个人发票一般泛指普通发票。

2. 增值税专用发票

增值税专用发票是国家税务部门按照增值税的征收管理需要而专门设定的，用于纳税人销售或提供增值税应税项目的发票。

增值税专用发票不但有普通发票所具有的内涵，而且还有比普通发票更特殊的作用。它一方面是记载商品销售的财务收支凭证；另一方面也是兼记销货方纳税义务及购货方进项税额的合法证明，即它是购货方抵扣税款的法定凭证，并对计算增值税起到了非常关键的作用。

发票的领购

已经办理了税务登记的单位及个人，可以按照下列规定，向主管国家税务机关申请购领发票。

（1）单位或者个人在申请购票时，必须提出购票申请报告。在报告中要注明单位和个人的名称、所属行业、经济类型以及所需发票的种类、名称、数量等内容，并加盖单位的公章及经办人印章。

（2）在购领发票时，单位或者个人应提供税务登记证件；而购买专用发票的，还要提供盖有“增值税一般纳税人”确认专章的税务登记证件、经办人的身份证明及其他相关证明，并提供财务印章或者发票专用章的印模。

（3）在购票申请报告经过国家税务机关审查、批准之后，购票者应该领取由国家税务机关核发的《发票领购簿》或《增值税专用发票领购簿》，再按照核定的发票种类、数量及购票方式，前往指定的国家税务机关购领发票。

发票填开的基本规定

（1）发票仅限于用票单位及个人自己填开、使用，不可转借、转让或者代开发票；在未经国家税务机关批准的情况下，不可拆本使用发票。

（2）单位及个人只能使用国家税务机关批准印制或购买的发票，不能以

“白条”或其他票据代替发票使用。对于专业发票，使用者不可擅自扩大其使用范围。

（3）发票只允许在领购发票所在地填开，不能携带到外县（市）使用。如果在外县（市）从事一些经营活动而需要填开普通发票，则应到经营所在地的国家税务机关，申请购买或填开发票。

（4）凡是销售商品、提供服务及从事其他经营业务活动的单位及个人，当对外发生经营业务而收取款项时，收款方应为付款方如实填开发票；但当对收购单位与扣缴义务人支付个人款项时，可按照相关规定由付款单位为收款个人填开发票。

（5）使用发票的单位及个人，要在实现经营收入或发生纳税义务时填开发票，而未发生经营业务时一律不准填开发票。

（6）单位及个人在填开发票时，应按照规定的时限、号码顺序填开。在填写时，还应项目齐全、内容真实、字迹清楚，全份一次复写，各联内容应完全一致，并加盖单位财务印章或发票专用章。填开发票时要使用中文，但也可以使用中外两种文字。而在填开发票后，当发生销货退回或折价时，应在收回原发票或取得对方国家税务机关的有效证明之后，填开红字发票；当用票单位及个人填错发票时，还应书写或加盖“作废”字样，以完整保存各联以便备查。

发票的保管

（1）单位及个人应建立发票使用登记制度，设置发票登记簿，并定期向主管国家税务机关报告有关发票的使用情况。

（2）单位及个人在办理变更或注销税务登记的同时，也应办理发票与发票领购簿的变更、缴销手续。

（3）使用发票的单位及个人，要将发票妥善保管，不得丢失。

（4）开具发票的单位及个人，不能擅自损毁发票。已经开具的发票存根联与发票登记簿，要至少保存五年。保存期满之后，在报经主管国家税务机关查验后方可销毁。

增值税发票出现问题时，应如何对待

针对增值税发票出现问题的不同情况，会计人员应谨慎、合理地对待。具体方法如下所示。

1. 出现增值税专用发票丢失或被盗问题时的处理方法

如果增值税专用发票被盗或丢失，则要按照相关规定的程序向当地主管税务机关及公安机关报失，并将丢失增值税专用发票的纳税人的名称、发票份数、发票号码以及是否盖章等情况，统一传（寄）至中国税务报社并刊登一份“遗失声明”。同时，税务机关可以按照《税收征收管理法》和《发票管理办法》的规定，对丢失或者被盗发票的纳税人，处以10 000元以下的罚款，并视具体的情况，在最长不超过半年的期限内，停止纳税人领购增值税专用发票的资格。

2. 出现代开或者虚开增值税专用发票问题的处理方法

代开或者虚开发票，都是非常严重的违法行为。对纳税人代开或虚开的增值税专用发票，税务机关应该不予以抵扣其进项税，并且还要按照票面所列货物的适用税率进行全额征补税款，同时，还应按照《税收征收管理法》的相关规定，对偷税给予处罚。如果情况严重且构成犯罪，就应按照《全国人民代表大会常务委员会关于惩治虚开、伪造和非法出售增值税专用发票犯罪的决定》予以刑罚。

3. 纳税人善意取得虚开的增值税专用发票时的处理方法

在购货方同销货方发生真实经济交易，而且购货方对销货方非法取得的增值税专用发票毫不知情时，其增值税专用发票的进项税就不能抵扣，或者不能据以办理出口退税，如已抵扣或已取得出口退税，就应按照相关规定予以退回。

4. 防伪税控系统增值税专用发票出现问题的处理方法

在进行防伪税控系统认证时，如果出现“无法认证”“认证不符”“密文有误”“重复认证”和“纳税人识别号认证”不符等情况，就不能抵扣其票面的进项税额。

属于“无法认证”“纳税人识别号认证不符”以及“认证不符”中的“发票代码号码认证不符（是指密文与明文相比较时，出现发票代码或号码不符）”的发票，纳税人就应把出现问题的发票原件退还给销货方，并要求对方重新开具；如果属于“重复认证”的发票，就应该交由主管税务部门进行查处；如果属于“密文有误”及“认证不符”（不包括发票代码、号码认证不符）的发票，就应交由稽查部门处理。

纳税申报的相关事宜

纳税申报，指的是纳税人根据税法规定的期限与内容，向税务机关提交相关纳税事项书面报告的法律行为。这是纳税人履行其纳税义务、承担法律责任的主要依据，也是税务机关税收管理信息的主要来源以及税务管理的一项重要制度。

纳税申报的对象

下列纳税人或扣缴义务人、代征人，应按期向主管国家税务的机关办理纳税申报、代扣代缴、代收代缴税款报告以及委托代征税款报告。

（1）依法已经向国家税务机关办理税务登记的纳税人。其中包括：各项收入指标都已经达到纳税标准的纳税人；全部或部分产品、项目或税种享受减税以及免税待遇的纳税人；当期营业额没有达到起征点，或暂时没有营业收入的纳税人；实行定期定额纳税的纳税人；应向国家税务机关缴纳企业所得税，或者其他税种的纳税人。

（2）根据相关规定不需向国家税务机关办理税务登记以及应办理却未办理税务登记的纳税人。

（3）扣缴义务人与国家税务机关确定的委托代征人。

纳税申报的期限

1. 各税种的申报期限

（1）对于应缴纳增值税和消费税的纳税人，如果是以一个月为一期纳税，则可于期满之后十日内进行申报；如果是以一天、三天、五天、十天、十五天为一期纳税，则应在期满之日起五日内预缴相关税款，并于次月一日起十日内，申报并结算上月的应纳税款。

（2）缴纳企业所得税的纳税人，应在月份或季度终了之后的十五日内，向其所在地主管国家税务机关办理所得税申报；内资企业在年度终了之后的四十五日内，外商投资企业及外国企业在年度终了之后的四个月内，应向其所在地主管国家税务机关办理所得税申报。

（3）对其他税种来说，如税法已明确规定纳税申报期限，则应按照税法规定的期限申报。

（4）对税法未明确规定纳税申报期限的，应按照主管国家税务机关根据其具体情况而确定的期限申报。

2. 顺延申报期限

如果纳税人办理纳税申报期限的最后一日正好是公休或节假日，就可以顺延。

3. 延期办理纳税申报

纳税人、扣缴义务人、代征人应按照规定的期限办理纳税申报，或报送代扣代缴、代收代缴税款报告表、委托代征税款报告表。如果确有困难而需要延期，就应当在规定的申报期限内，向主管国家税务机关提出书面的延期申请，经过主管国家税务机关核准后，在核准的期限内办理。

此外，如果纳税人、扣缴义务人、代征人由于遇到不可抗力，而不能按期办理纳税申报或报送代扣代缴、代收代缴税款或委托代征税款报告，则也可以延期办理。但应在不可抗力情形消除之后，立即向主管国家税务机关报告。

纳税申报方式

1. 上门申报

纳税人、扣缴义务人、代征人应在纳税申报期限内，前往主管国家税务机关办理纳税申报、代扣代缴、代收代缴税款或委托代征税款报告。

2. 邮寄申报

如果纳税人到主管国家税务机关办理纳税申报确实有困难，则可经由主管国家税务机关批准，采取邮寄的方式申报，并以邮出地的邮戳日期为实际的申报日期。

3. 电传申报

实行自核自缴且有电传条件的纳税人，在经主管国家税务机关批准后，可以采取电传的方式申报。

4. 现场申报

临时取得了应税收入以及在市场内从事经营活动的纳税个人，在经主管国家税务机关批准后，可在经营现场以口头说明的方式向主管国家税务机关（人员）申报。

纳税申报的要求

（1）纳税人、扣缴义务人、代征人应前往当地国家税务机关购领纳税申报表，或代扣代缴、代收代缴税款报告表、委托代征税款报告表，然后按照表格的内容，全面、如实地填写并加盖印章。

（2）纳税人在办理纳税申报时，需按照不同情况提供以下相关的资料与证件：财务、会计报表及说明材料；增值税专用发票的领、用、存月报表以及增值税销项税额与进项税额明细表；增值税纳税人先征后返申请表；外商投资企业超税负返还申请表；同纳税相关的经济合同、协议书、联营企业利润转移单；还没有建账的个体工商户，应提供收支凭证粘贴簿和进货销货登记簿；企业外出经营活动的税收管理证明；由境内或境外公证机构所出具的相关证明文件；由国家税务机关规定的，应报送的其他证件和资料。

（3）扣缴义务人或代征人应按照相关规定报送代扣代缴、代收代缴税款的报告表，或委托代征税款报告表，代扣代缴、代收代缴税款或委托代征税款的合法凭证及其相关的经济合同和协议书。

违反纳税申报规定的法律责任

（1）如果纳税人未按照相关规定的期限办理纳税申报，或扣缴义务人、代征人未按照规定的期限向国家税务机关报送代扣代缴、代收代缴税款报告表，则应由国家税务机关对其责令限期改正，并处以2 000元以下的罚款；而对逾期不改正的纳税人，可对其处以2 000～10 000元的罚款。

（2）如果一般纳税人没有按照规定申报并核算进项税额、销项税额及应纳税额，则除了按照上一条款项的规定处罚外，在一定期限内，还要取消其进项税额抵扣资格与专用发票使用权，而其应缴纳的增值税金额，也应一律按照销售额及规定的税负计算征税。

纳税申报的内容

纳税申报的内容，指的是由相关法律、行政法规所规定的，或者是税务机关按照法律、行政法规的规定而确定的，由纳税人、扣缴义务人向税务机关申报应当缴纳或者应当解除缴税款的内容。

纳税申报的范围

纳税申报的内容，主要明确在综合纳税申报表、特殊税种纳税申报表以及代扣代缴、代收代缴税款报告表内。此外，还有纳税人申报表附报的财务报表，以及税务机关按照企业的具体需要，要求纳税人报送的其他纳税资料。纳税人与扣缴义务人在发生纳税义务与代扣代缴、代收代缴税款义务以后，应在规定的申报期限内按照纳税申报表的内容逐项如实填写，并随同规定的附报材料，做好纳税申报的工作。

纳税人与扣缴义务人的纳税申报以及代扣代缴、代收代缴税款报告的主要内容包括：税种、税目、应纳税项目或者应代扣及代收税款项目、计税依据、扣除项目及标准、适用税率或者单位税额、应退税项目及其税额、应减免税项目及其税额、应纳税额或应代扣代缴及代收代缴税额、税款所属期、延期缴纳税款、预缴税额、抵交税款额、应补（退）税额等。

1. 纳税申报表和扣缴税款报告表

纳税申报表和扣缴税款报告表，是纳税人及扣缴义务人按照税收法律、法规的相关规定，计算应纳税款或代扣代收税款以及缴纳或扣缴税款的主要凭证。同时，这也是税务机关审核、计算应征税款或税款缴库、开具完税凭证的重要凭证。

（1）地方各税（基金、费）综合申报表，也被称作通用申报表，适用于纳税人与社保费缴费人申报缴纳的营业税、城建税、教育费附加、印花税、资源税、个人所得税（核定）、房产税、土地使用税、土地增值税（预缴）、车船使用税、企业所得税（核定）、水利建设基金、文化事业建设费、地方教育附加、残疾人保障基金、基本养老保险费、医疗保险费、失业保险费、工伤保险费、生育保险费等。

（2）企业所得税申报表，适用于企业所得税的查账征收，纳税人可按月、季度填报应缴纳的企业所得税。

（3）企业所得税年度纳税申报表及附表，适用于企业所得税的查账征收，纳税人可在年度汇算清缴时填报。

（4）事业单位、社会团体、民办非企业单位所得税纳税申报表，适用于查账征收的事业单位、社会团体、民办非企业单位申报缴纳企业所得税并填报。

（5）个人所得税纳税申报表，适用于需要自行申报的纳税人的所得申报，以及特定行业职工应获取的工资、薪金所得申报。

（6）代扣代缴、代收代缴、委托代征税款报告表，适用于扣缴义务人、委托代征人汇总申报解缴代扣代缴、代收代缴、委托代征的税款。

（7）土地增值税项目登记表，适用于经营房地产开发的纳税人，在立项之后及每次转让时填报。

（8）印花税汇总缴纳及核定征收计算表，适用于以汇总缴纳、核定征收的方式缴纳印花税的纳税人进行填报。

（9）地方税费基金结算检查表，适用于纳税人年度地方各税费、基金结算申报或管理，稽查部门日常查补税款计算。

2. 财务会计报表及其说明

财务会计报表及其说明，指的是根据企业相关的账簿记录及其他相关资料，按照规定的指标体系与格式编制的报告文件以及说明材料，并反映企业、事业单位或者其他经济组织在一定时期内经济活动状况或经营成果的书面文件。

按照编制与报送时间的不同，财务会计报表可分为月份报表、季度报表与年度报表三种。

纳税时应报送的资料

1. 申报企业所得税时

（1）与纳税相关的合同、协议书以及相关证明文件。

（2）企业所得税的月度、季度申报表中的三个附表，包括《企业所得税纳税调整项目表》《企业减免项目表》《联营企业分利股息收入纳税表》；企业所得税年度纳税申报表中的10个附表，包括《销售（营业）收入明细表》《投资所得（损失）明细表》《其他收入明细表》《销售（营业）成本明细表》《管理费用、销售费用明细表》《工资薪金和职工福利等三项经费明细表》《资产折旧、摊销明细表》《坏账损失明细表》《公益、救济性捐赠明细表》《税前弥补亏损明细表》。

（3）其他相关资料。

2. 申报营业税时

（1）税控装置的电子报税资料。

（2）相关行业（如货物运输）开具的发票存根联或清单。

（3）其他相关资料。

3. 办理代扣代缴、代收代缴及委托代征税款报告时

扣缴义务人、委托代征人办理代扣代缴、代收代缴及委托代征税款报告时，应如实填写代扣代缴、代收代缴、委托代征税款报告表，并附报与代扣代缴、代收代缴、委托代征税款相关的材料。

4. 其他纳税资料

其他纳税资料指的是纳税人根据税务机关的相关要求，报送的除纳税申报表、财务会计报表以外的其他纳税资料。

纳税人办理纳税申报时，除了要如实填写纳税申报表外，还要报送以下相关的证件和资料：与纳税相关的合同、协议书以及凭证；税控装置的电子报税资料；企业外出经营活动的税收管理证明与异地完税凭证；由境内或境外的公证机构出具的相关证明文件；按照税务机关的规定，必须报送的其他相关的证件和资料。

一般纳税人申报表的具体填列

一般纳税人的增值税申报，需要通过“增值税一般纳税人纳税申报电子信息采集系统”进行纳税申报，虽然系统可以自动生成大部分的报表，但财务人员对报表的组成项目及填列方法也要熟练掌握，以便准确、及时办理一般纳税人的登记手续。

申请办理一般纳税人的手续

1. 申请

纳税人首先应向当地主管国家税务机关提出书面的申请报告，并提供相应的合格办税人员证书、年度销售（营业）额等有关证件及资料。如果是企业的分支机构，则还要提供总机构的相关证件或复印件，并领取《增值税一般纳税人申请认定表》，一式三份。

2. 填表

纳税人要根据《增值税一般纳税人申请认定表》所列的相关项目，逐项如实填写，并在十日内把《增值税一般纳税人申请认定表》报送主管国家税务机关。

3. 报批

纳税人报送的《增值税一般纳税人申请认定表》与提供的相关证件及资料等，经由主管国家税务机关审核并批准后，即可在其《税务登记证》副本的首页上加盖“增值税一般纳税人”确认专章。纳税人可按规定的期限到主管国家税务机关领取一般纳税人税务登记证副本。

一般纳税人申报表的填表说明

1. 增值税纳税申报表主表

《增值税纳税申报表（适用于一般纳税人）》适用于增值税一般纳税人进行填报。此外，增值税一般纳税人销售按照简易办法缴纳增值税的货物，也可以使用本表。其具体格式见表12-4。

（1）本表“税款所属时间”，指的是纳税人申报的增值税应纳税额的所属时间，应填写具体的起止年、月、日。

（2）本表“填表日期”，是指纳税人填写本表的具体日期。

（3）本表“纳税人识别号”栏，应填写税务机关为纳税人确定的识别号，即税务登记证号码。

（4）本表“所属行业”栏，应按照国民经济行业分类与代码中的最细项（即小类）进行填写，仅填写行业代码。

（5）本表“纳税人名称”栏，填写纳税人单位的名称全称，不得填写简称。

（6）本表“法定代表人姓名”栏，应填写纳税人法定代表人的姓名。

（7）本表“注册地址”栏，应填写纳税人税务登记证注明的详细地址。

（8）本表“营业地址”栏，应填写纳税人营业地的详细地址。

（9）本表“开户银行及账号”栏，应填写纳税人开户银行的名称和纳税人在该银行的结算账户号码。

（10）本表“企业登记注册类型”栏，应按照税务登记证填写。

（11）本表“电话号码”栏，应填写纳税人注册地和经营地的电话号码。

（12）本表“一般货物及劳务”，是指除享受即征即退的货物及劳务以外的其他货物及劳务。

（13）本表“即征即退货物及劳务”，是指纳税人按照税法规定享受即征即退税收优惠政策的货物及劳务。

（14）本表第1栏“（一）按适用税率征税货物及劳务销售额”，应填写纳税人本期按适用税率缴纳增值税的应税货物和应税劳务的销售额（销货退回的销售额用负数表示）。在财务上不作销售但按税法规定应缴纳增值税的，视同销售货物和价外费用销售额，对外贸企业作价销售进料加工复出口的货物，税务、财政、审计部门检查按适用税率计算调整的销售额。

“一般货物及劳务”的“本月数” 栏数据与“即征即退货物及劳务”的“本月数”栏数据之和，应等于《增值税纳税申报表附列资料（表一）》第7栏的“小计”中的“销售额”数。

本栏次数据等于本表第2栏“应税货物销售额”、第3栏“应税劳务销售额”和第4栏“纳税检查调整的销售额”的数据之和，其中第4栏在总局有关事项未明确之前暂不填写。“本年累计”栏的数据，应为年度内各月数之和。

（15）本表第2栏“应税货物销售额”数据，应填写纳税人本期按适用税率缴纳增值税的应税货物的销售额，但销货退回的销售额用负数表示。它包括在财务上不作销售但按税法规定应缴纳增值税的视同销售货物和价外费用销售额以及外贸企业作价销售进料加工复出口的货物。“一般货物及劳务”的“本月数”栏数据与“即征即退货物及劳务”的“本月数”栏数据之和，应等于《增值税纳税申报表附列资料（表一）》第5栏的“应税货物”中17%税率“销售额”与13%税率“销售额”的合计数。“本年累计”栏的数据，应为年度内各月数之和。

（16）本表第3栏“应税劳务销售额”，应填写纳税人本期按适用税率缴纳增值税的应税劳务的销售额。“一般货物及劳务”的“本月数”栏数据与“即征即退货物及劳务”的“本月数” 栏数据之和，应等于《增值税纳税申报表附列资料（表一）》第5栏的“应税劳务”中的“销售额”数。“本年累计”栏的数据，应为年度内各月数之和。

（17）本表第4栏“纳税检查调整的销售额”，应填写纳税人本期因税务、财政、审计部门检查，并按适用税率计算调整的应税货物和应税劳务的销售额。但享受即征即退税收优惠政策的货物及劳务经税务稽查发现偷税的，应把本部分销售额写在“一般货物及劳务”栏中，“一般货物及劳务”的“本月数”栏数据与“即征即退货物及劳务”的“本月数”栏数据之和，应等于《增值税纳税申报表附列资料（表一）》第6栏的“小计”中的“销售额”数。“本年累计”栏数据，应为年度内各月数之和（本栏在总局有关事项未明确之前暂不填写）。

（18）本表第5栏“（二）按简易征收办法征税货物销售额”，应填写纳税人本期按简易征收办法征收增值税货物的销售额（销货退回的销售额用负数表示）。它包括税务、财政、审计部门检查并按简易征收办法计算调整的销售额，但在总局有关事项未明确之前暂不填写。“一般货物及劳务”的“本月数”栏数据与“即征即退货物及劳务”的“本月数”栏数据之和，应等于《增值税纳税申报表附列资料（表一）》第14栏的“小计”中的“销售额”数。“本年累计”栏数据，应为年度内各月数之和。

（19）本表第6栏“纳税检查调整的销售额”，应填写纳税人本期因税务、财政、审计部门检查并按简易征收办法计算调整的销售额，但享受即征即退税收优惠政策的货物及劳务经税务稽查发现偷税的，应将本部分销售额填在“一般货物及劳务”栏中，不得填入“即征即退货物及劳务”部分。“一般货物及劳务”的“本月数”栏数据与“即征即退货物及劳务”的“本月数”栏数据之和，应等于《增值税纳税申报表附列资料（表一）》第13栏的“小计”中的“销售额”数。“本年累计”栏数据，应为年度内各月数之和（本栏在总局有关事项未明确之前暂不填写）。

（20）本表第7栏“免、抵、退办法出口货物销售额”，填写纳税人本期执行免、抵、退办法出口货物的销售额（销货退回的销售额用负数表示）。“本年累计”栏数据，应为年度内各月数之和。

（21）本表第8栏“免税货物及劳务销售额”，应填写纳税人本期按照税法规定直接免征增值税的货物及劳务的销售额及适用零税率的货物及劳务的销售额（销货退回的销售额以负数表示），但不包括适用免、抵、退办法出口货物的销售额。“一般货物及劳务”的“本月数”栏数据，应等于《增值税纳税申报表附列资料（表一）》第18栏的“小计”中的“销售额”数。“本年累计”栏数据，应为年度内各月数之和。本栏数据等于本表第9栏“免税货物销售额”、第10栏“免税劳务销售额”的数据之和。

（22）本表第9栏“免税货物销售额”，应填写纳税人本期按照税法规定直接免征增值税货物的销售额及适用零税率货物的销售额（销货退回的销售额用负数表示），但不包括适用免、抵、退办法出口货物的销售额。“一般货物及劳务”的“本月数”栏数据，应等于《增值税纳税申报表附列资料（表一）》第18栏的“免税货物”中的“销售额”数。“本年累计”栏数据，应为年度内各月数之和。

（23）本表第10栏“免税劳务销售额”，应填写纳税人本期按照税法规定直接免征增值税劳务的销售额及适用零税率劳务的销售额（销货退回的销售额用负数表示）。“一般货物及劳务”的“本月数”栏数据，应等于《增值税纳税申报表附列资料（表一）》第18栏的“免税劳务”中的“销售额”数。“本年累计数”栏数据，应为年度内各月数之和。

（24）本表第11栏“销项税额”，应填写纳税人本期按适用税率计征的销项税额。该数据应与“应交税金——应交增值税”明细科目贷方“销项税额”专栏本期发生数一致。“一般货物及劳务”的“本月数”栏数据与“即征即退货物及劳务”的“本月数”栏数据之和，应等于《增值税纳税申报表附列资料（表一）》第7栏的“小计”中的“销项税额”数。即本栏等于本表第1栏“（一）按适用税率征税货物及劳务销售额”与相应税率计算出的销项税额。“本年累计数”栏数据，应为年度内各月数之和（此栏在总局有关事项未明确前暂不包括纳税检查调增的销项税额数）。

（25）本表第12栏“进项税额”，应填写纳税人本期申报抵扣的进项税额。该数据应与“应交税金——应交增值税”明细科目借方“进项税额”专栏本期发生数一致。“一般货物及劳务”的“本月数”栏数据与“即征即退货物及劳务”的“本月数”栏数据之和，应等于《增值税纳税申报表附列资料（表二）》第12栏中的“税额”数。“本年累计数”栏数据，应为年度内各月数之和。

（26）本表第13栏“上期留抵税额”，为纳税人前一申报期的“期末留抵税额”数，该数据应与“应交税金——应交增值税”明细科目借方月初余额保持一致。

（27）本表第14栏“进项税额转出”，应填写纳税人已经抵扣但按税法规定应做进项税转出的进项税额总数，但不包括销售折扣、折让，进货退出等用负数冲减当期进项税额的数额。该数据应与“应交税金——应交增值税”明细科目贷方“进项税额转出”专栏本期发生数一致。“一般货物及劳务”的“本月数”栏数据与“即征即退货物及劳务”的“本月数”栏数据之和，应等于《增值税纳税申报表附列资料（表二）》第13栏中的“税额”数。“本年累计”栏数据，应为年度内各月数之和（本栏中纳税检查调减进项税额数在总局有关事项未明确前暂不填写）。

（28）本表第15栏“免、抵、退货物应退税额”，应填写退税机关按照出口货物免、抵、退办法审批的应退税额。“本年累计”栏数据，应为年度内各月数之和。

（29）本表第16栏“按适用税率计算的纳税检查应补缴税额”，应填写纳税人本期因税务、财政、审计部门检查按适用税率计算的纳税检查应补缴的税额。“本年累计”栏数据，应为年度内各月数之和（本栏在总局有关事项未明确前暂不填写）。

（30）本表第17栏“应抵扣税额合计”，应填写纳税人本期应抵扣进项税额的合计数（本栏在总局有关事项未明确前暂不包括第16栏的相关数据）。

（31）本表第18栏“实际抵扣税额”，应填写纳税人本期实际抵扣的进项税额。“本年累计”栏数据，应为年度内各月数之和。

（32）本表第19栏“应纳税额”，应填写纳税人本期按适用税率计算并应缴纳的增值税额，且本栏数据≥0。“本年累计”栏数据，应为年度内各月数之和。

（33）本表第20栏“期末留抵税额”，为纳税人在本期销项税额中尚未抵扣完，留待下期继续抵扣的进项税额。该数据应与“应交税金——应交增值税”明细科目借方月末余额保持一致。

（34）本表第21栏“按简易征收办法计算的应纳税额”，应填写纳税人本期按简易征收办法计算并应缴纳的增值税额，但不包括按简易征收办法计算的纳税检查应补缴税额。“一般货物及劳务”的“本月数”栏数据与“即征即退货物及劳务”的“本月数”栏数据之和，应等于《增值税纳税申报表附列资料（表一）》第12栏的“小计”中的“应纳税额”数。“本年累计”栏数据，应为年度内各月数之和。本栏数据等于第5栏减第6栏的余额与相应征收率计算出的数据。

（35）本表第22栏“按简易征收办法计算的纳税检查应补缴税额”，应填写纳税人本期因税务、财政、审计部门检查并按简易征收办法计算的纳税检查应补缴税额。“一般货物及劳务”的“本月数”栏数据与“即征即退货物及劳务”的“本月数”栏数据之和，应等于《增值税纳税申报表附列资料（表一）》第13栏的“小计”中的“应纳税额”数。“本年累计”栏数据，应为年度内各月数之和（本栏在总局有关事项未明确前暂不填写）。

（36）本表第23栏“应纳税额减征额”，应填写纳税人本期按照税法规定减征的增值税应纳税额。“本年累计”栏数据，应为年度内各月数之和。本栏为按适用税率及征收率计算减征的应纳税额之和。

（37）本表第24栏“应纳税额合计”，应填写纳税人本期应缴增值税的合计数，应为年度内各月数之和。

（38）本表第25栏“期初未缴税额（多缴为负数）”，为纳税人前一申报期的“期末未缴税额（多缴为负数）”。“本年累计”栏数据为本年年初数，同一年度内数据应不变。本栏不含纳税检查查补税额。

（39）本表第26栏“实收出口开具专用缴款书退税额”，应填写纳税人本期实际收到税务机关退回的，因开具《出口货物税收专用缴款书》而多缴的增值税税款。该数据应根据“应交税金——未交增值税”明细科目贷方本期发生额中“收到税务机关退回的多缴增值税款”数据填列。“本年累计”栏数据，为年度内各月数之和。

（40）本表第27栏“本期已缴税额”，是指纳税人本期实际缴纳的增值税额，但不包括本期入库的查补税款。“本年累计”栏数据，为年度内各月数之和。

（41）本表第28栏“①分次预缴税额”，应填写纳税人本期分次预缴的增值税额。

（42）本表第29栏“②出口开具专用缴款书预缴税额”，应填写纳税人本期销售出口货物而开具专用缴款书向主管税务机关预缴的增值税额。

（43）本表第30栏“③本期缴纳上期应纳税额”，应填写纳税人本期上缴上期应缴未缴的增值税款，包括缴纳上期按简易征收办法计提的应缴未缴的增值税额。“本年累计”栏数据，为年度内各月数之和。

（44）本表第31项“④本期缴纳欠缴税额”，应填写纳税人本期实际缴纳的增值税欠税额，但不包括缴纳入库的查补增值税额。“本年累计”栏数据，为年度内各月数之和。

（45）本表第32栏“期末未缴税额（多缴为负数）”，为纳税人本期期末应缴未缴的增值税额，但不包括纳税检查应缴未缴的税额。“本年累计”栏与“本月数”栏数据相同。

（46）本表第33栏“其中：欠缴税额（≥0）”，为纳税人按照税法规定已形成欠税的数额。

（47）本表第34栏“本期应补（退）税额”，为纳税人本期应纳税额中应补缴或应退回的数额。

（48）本表第35栏“即征即退实际退税额”，应填写纳税人本期因符合增值税即征即退优惠政策规定，而实际收到的税务机关返还的增值税额。“本年累计”栏数据，为年度内各月数之和。

（49）本表第36栏“期初未缴查补税额”，为纳税人前一申报期的“期末未缴查补税额”。该数据与本表第25栏“期初未缴税额（多缴为负数）”栏数据之和，应与“应缴税金——未缴增值税”明细科目期初余额一致。“本年累计”栏数据应填写纳税人上年度末的“期末未缴查补税额”数。

（50）本表第37栏“本期入库查补税额”，应填写纳税人本期因税务、财政、审计部门检查而实际入库的增值税款，包括：①按适用税率计算并实际缴纳的查补增值税款；②按简易征收办法计算并实际缴纳的查补增值税款。“本年累计”栏数据，为年度内各月数之和。

（51）本表第38栏“期末未缴查补税额”，为纳税人纳税检查本期期末应缴未缴的增值税额。该数据与本表第32栏“期末未缴税额（多缴为负数）”栏数据之和，应与“应缴税金——未缴增值税”明细科目期初余额一致。“本年累计”栏与“本月数”栏数据相同（本表第36栏、第37栏、第38栏在总局有关事项未明确之前暂不填写）。

表12-4 增值税纳税申报表（适用于一般纳税人）

根据《中华人民共和国增值税暂行条例》第二十二条和第二十三条的规定制定本表，纳税人无论有无销售额，都应按主管税务机关核定的纳税期限按期填报本表，并于次月一日起十日内，向当地税务机关申报。

税款所属时间：自　　年　　月　　日至　　年　　月　　日

填表日期：　　年　　月　　日　　　　金额单位：元至角分

纳税人识别号				所属行业：	
纳税人名称	（公章）	法定代表人姓名		注册地址		营业地址	
开户银行及账号		企业登记注册类型		电话号码	

项目		栏次	一般货物及劳务		即征即退货物及劳务	
			本月数	本年累计	本月数	本年累计
销售额	（一）按适用税率征税货物及劳务销售额	1				
	其中：应税货物销售额	2				
	应税劳务销售额	3				
	纳税检查调整的销售额	4				
	（二）按简易征收办法征税货物销售额	5				
	其中：纳税检查调整的销售额	6				
	（三）免、抵、退办法出口货物销售额	7			—	—
	（四）免税货物及劳务销售额	8			—	—
	其中：免税货物销售额	9			—	—
	免税劳务销售额	10			—	—
税款计算	销项税额	11				
	进项税额	12				
	上期留抵税额	13		—		—
	进项税额转出	14		—		—
	免、抵、退货物应退税额	15			—	—
	按适用税率计算的纳税检查应补缴税额	16			—	—
	应抵扣税额合计	17=12+13-14-15+16				
	实际抵扣税额	18（如17<11，则为17，否则为11）		—		—
	应纳税额	19=11-18				
	期末留抵税额	20=17-18				

续表

	按简易征收办法计算的应纳税额	21				
	按简易征收办法计算的纳税检查应补缴税额	22			—	—
	应纳税额减征额	23				
	应纳税额合计	24=19+21-23				
税款缴纳	期初未缴税额（多缴为负数）	25				
	实收出口开具专用缴款书退税额	26			—	—
	本期已缴税额	27=28+29+30+31				
	① 分次预缴税额	28		—		—
	② 出口开具专用缴款书预缴税额	29		—	—	—
	③ 本期缴纳上期应纳税额	30				
	④ 本期缴纳欠缴税额	31				
	期末未缴税额（多缴为负数）	32=24+25+26-27				
	其中：欠缴税额(≥0)	33=25+26-27		—		—
	本期应补（退）税额	34=24-28-29		—		—
	即征即退实际退税额	35	—	—		
	期初未缴查补税额	36			—	—
	本期入库查补税额	37			—	—
	期末未缴查补税额	38=16+22+36-37			—	—

授权声明	如果你已委托代理人申报，则请填写以下资料： 为代理一切税务事宜，现授权　　　　（地址） 为本纳税人的代理申报人，任何与本申报表有关的往来文件，都可寄予此人。 授权人签字：	申报人声明	此纳税申报表是根据《中华人民共和国增值税暂行条例》的规定填报的，我相信它是真实的、可靠的、完整的。 声明人　签字：

以下由税务机关填写：　　　　接收人：　　　　主管税务机关盖章：

收到日期：

2. 增值税纳税申报表附表一

《增值税纳税申报表附列资料（表一）》（以下简称《附表一》）是一种反映纳税人本期销售资料明细状况的报表。从纳税人销售不同税率的货物以及劳务的情况和开具发票情况的双重角度，反映纳税人的销售明细情况。其具体格式见表12-5。

（1）“税款所属时间”“填表日期”“纳税人名称”等栏目的填写，与纳税申报表主表的填列方法是一致的。

（2）《附表一》第一大项“一、按适用税率征收增值税货物以及劳务的销售额和销项税额明细”和第二大项“二、按简易征收办法征收增值税货物的销售额和应纳税额明细”中的“防伪税控系统开具的增值税专用发票”“非防伪税控系统开具的增值税专用发票”“开具普通发票”“未开具发票”各栏数据均应包括销售退回或折让、视同销售货物、价外费用的销售额和销项税额，但是不应该包括免税货物及劳务的销售额、适用零税率货物及劳务的销售额和出口执行免、抵、退办法的销售额以及税务、财政、审计部门检查并调整的销售额、销项税额或应纳税额。

（3）《附表一》第一大项“一、按适用税率征收增值税货物及劳务的销售额和销项税额明细”和第二大项“二、按简易征收办法征收增值税货物的销售额和应纳税额明细”中“纳税检查调整”栏数据应填写纳税人本期因税务、财政、审计部门检查而计算调整的应税货物、应税劳务的销售额、销项税额或应纳税额。

（4）《附表一》第三大项“三、免征增值税货物及劳务销售额明细”中“防伪税控系统开具的增值税专用发票”栏数据，应填写纳税人本期因销售免税货物而使用防伪税控系统开具的增值税专用发票的份数、销售额和税额。

表12-5 增值税纳税申报表附列资料（表一）

（本期销售情况明细）

税款所属时间： 年 月 日至 月 日

纳税人名称：（公章） 填表日期： 年 月 日 （金额单位：元至角分）

一、按适用税率征收增值税货物及劳务的销售额和销项税额明细													
项目	栏次	应税货物						应税劳务			小计		
		17%税率			13%税率								
		份数	销售额	销项税额	份数	销售额	销项税额	份数	销售额	销项税额	份数	销售额	销项税额
防伪税控系统开具的增值税专用发票	1												
非防伪税控系统开具的增值税专用发票	2												
开具普通发票	3												
未开具发票	4	—			—			—			—		
小计（=1+2+3+4）	5	—			—			—			—		
纳税检查调整	6	—			—			—			—		
合计（=5+6）	7	—			—			—			—		

二、按简易征收办法征收增值税货物的销售额和应纳税额明细										
项目	栏次	6%征收率			4%征收率			小计		
		份数	销售额	应纳税额	份数	销售额	应纳税额	份数	销售额	应纳税额
防伪税控系统开具的增值税专用发票	8									
非防伪税控系统开具的增值税专用发票	9									
开具普通发票	10									
未开具发票	11	—			—					
小计（=8+9+10+11）	12	—			—					
纳税检查调整	13	—			—					
合计（=12+13）	14	—			—					

续表

三、免征增值税货物及劳务销售额明细										
项目	栏次	免税货物			免税劳务			小计		
		份数	销售额	税额	份数	销售额	税额	份数	销售额	税额
防伪税控系统开具的增值税专用发票	15									
开具普通发票	16				—	—	—			
未开具发票	17	—		—			—			—
合计（=15+16+17）	18	—		—	—		—	—		—

3. 增值税纳税申报表附表二

《增值税纳税申报表附列资料（表二）》（以下简称《附表二》）是反映纳税人本期进项税额明细资料的列表。其具体格式见表12-6。

（1）“税款所属时间”“填表日期”“纳税人名称”等栏目参照前述内容填写。

（2）第1栏“（一）认证相符的防伪税控增值税专用发票”，填写本期申报抵扣的与认证相符的防伪增值税专用发票情况。

增值税防伪专用发票自开具之日起的180日内需到税务机关认证，并应在认证的当月按增值税有关规定核算当期进项税额和申报抵扣。

其中，份数=认证相符（本申报期内及前期认证）的蓝字发票份数+认证相符（本申报期内及前期认证）的红字发票份数。

金额=认证相符（本申报期内及前期认证）的蓝字发票金额+认证相符（本申报期内及前期认证）的红字发票金额。

第1栏=第2栏+第3栏。

（3）第2栏“其中：本期认证相符且本期申报抵扣”，填写本期认证相符本期申报抵扣的防伪税控增值税专用发票情况。

第2栏=第35栏“本期认证相符的全部防伪税控增值税专用发票”−第24栏“本期已认证相符且本期未申报抵扣”。

（4）第3栏“前期认证相符且本期申报抵

扣”，填写纳税人以前申报期认证相符本期申报抵扣的防伪税控增值税专用发票情况。

第3栏＝第23栏“期初已认证相符但未申报抵扣”+第24栏“本期已认证相符且本期未申报抵扣”−第25栏“期末已认证相符但未申报抵扣”。

（5）第4栏“（二）非防伪税控增值税专用发票及其他扣税凭证”，填写纳税人本期申报抵扣的非防伪税控增值税专用发票及其他扣税凭证情况。

第4栏＝第5栏+第6栏+第7栏+第8栏+第9栏+第10栏。

（6）第5～10栏，分别按各自项目所属的发票类别填写。

（7）第11栏“期初已征税款”，按照规定比例在本期申报抵扣的期初存货挂账税额填写。

（8）第12栏“当期申报抵扣进项税额合计”＝第1栏+第4栏+第11栏。

（9）第13栏“本期进项税额转出额”＝第14～21栏之和＝纳税申报表主表第14栏“进项税额转出”一般货物及劳务“本月数”+主表第14栏“进项税额转出”即征即退货物及劳务“本月数”之和。

（10）第14栏“免税货物用”，填写纳税人用于按税法规定免征增值税的购进货物或应税劳务不得从销项中抵扣的进项税额，不包括免、抵、退税办法出口货物不得抵扣的进项税额，其中无法准确划分的，可按照销售额的比例计算确定。

（11）第15栏“非应税项目、集体福利、个人消费用”＝提供非应税劳务用应转出进项税额+转让无形资产应转出进项税额+销售不动产应转出进项税额+新建、改建、扩建、修缮、装饰建筑物及其他固定资产在建工程应转出的进项税额+纳税人用于集体福利和个人消费等项目应转出的进项税额。

（12）第16栏＝非正常损失购进货物+非正常损失在产品所耗用的购进货物或应税劳务的不得抵扣的进项税额+非正常损失产成品所耗用的购进货物或应税劳务的不得抵扣的进项税额。

（13）第17栏“按简易征收办法征税货物用”，填写按简易办法计算增值税货物的进项税额。

（14）第18栏＝当期《生产企业出口货物免、抵、退税申报汇总表》11a栏“免、抵、退税不得免征和抵扣税额”+11c栏差额数。

（15）第19栏“纳税检查调减进项税额”，填写税务、审计、财政等部门纳税检查发现的纳税人多抵扣的进项税额。

（16）第23栏“期初已认证相符但未申报抵扣”，填写以前申报期认证相符，但按照税法规定，暂不予抵扣，结存至本期的防伪税控增值税专用发票。

第23栏＝上期第25栏“期末已认证相符但未申报抵扣”。

（17）第24栏“本期已认证相符且本期未申报抵扣”，填写本期认证相符，但按照税法规定暂不予抵扣及按照税法规定不允许抵扣，而未申报抵扣的防伪税控增值税专用发票。其包括商业企业购进货物未付款、工业企业购进货物未入库、购进个人用的消费型固定资产、外贸企业购进供出口的货物以及因退货将抵扣联退还销售方等。

（18）第25栏“期末已认证相符但未申报抵扣”，填写截至本期期末，按照税法规定暂不予抵扣及按照税法规定不允许抵扣且认证相符的防伪税控增值税专用发票情况。

（19）第26栏“其中：按照税法规定不允许抵扣”。填写期末已认证相符但未申报抵扣的防伪税控增值税发票中，按照税法规定不允许抵扣，而只能作为出口退税凭证或应列入成本、资产等项目的防伪税控增值税专用支票。其包括外贸出口企业用于出口而采购货物的防伪税控增值税专用发票、纳税人购买不可抵扣进项的消费型固定资产及因退货将抵扣联退还给销售方的防伪税控增值税专用发票等。

（20）第35栏“本期认证相符的全部防伪税控增值税专用发票”＝本期纳税人“认证结果通知书”上注明的有关情况＝第2栏“本期认证相符且本期申报抵扣”+第24栏“本期已认证相符且本期未申报抵扣”。

表12-6 增值税纳税申报表附列资料（表二）

（本期进项税额明细）

税款所属时间：　年　月　日至　月　日

纳税人名称：（公章）　　填表日期：　年　月　日　（金额单位：元至角分）

一、申报抵扣的进项税额				
项目	栏次	份数	金额	税额
（一）认证相符的防伪税控增值税专用发票	1			
其中：本期认证相符且本期申报抵扣	2			
前期认证相符且本期申报抵扣	3			
（二）非防伪税控增值税专用发票及其他扣税凭证	4			
其中：17%税率	5			
13%税率或扣除率	6			
10%扣除率	7			
7%扣除率	8			
6%征收率	9			
4%征收率	10			
（三）期初已征税款	11			
当期申报抵扣进项税额合计	12			

二、进项税额转出额		
项目	栏次	税额
本期进项税额转出额	13	
其中：免税货物用	14	
非应税项目、集体福利、个人消费用	15	
非正常损失	16	
按简易征收办法征税货物用	17	
免、抵、退税办法出口货物不得抵扣进项税额	18	
纳税检查调减进项税额	19	
未经认证已抵扣的进项税额	20	

续表

三、待抵扣进项税额				
项 目	栏次	份数	金额	税额
(一）认证相符的防伪税控增值税专用发票	22	—	—	—
期初已认证相符但未申报抵扣	23			
本期已认证相符且本期未申报抵扣	24			
期末已认证相符但未申报抵扣	25			
其中：按照税法规定不允许抵扣	26			
（二）非防伪税控增值税专用发票及其他扣税凭证	27			
其中：17%税率	28			
13%税率及扣除率	29			
10%扣除率	30			
7%扣除率	31			
6%征收率	32			
4%征收率	33			
	34			
四、其他				
项 目	栏次	份数	金额	税额
本期认证相符的全部防伪税控增值税专用发票	35	32		
期初已征税款挂账额	36	—		
期初已征税款余额	37	—		
代扣代缴税额	38	—		

注：第1栏＝第2栏+第3栏＝第23栏+第35栏−第25栏；第2栏＝第35栏−第24栏；第3栏＝第23栏+第24栏−第25栏；第4栏＝第5～10栏之和；第12栏＝第1栏+第4 栏+第11栏；第13栏＝第14～21栏之和；第27栏＝第28～34栏之和。

4. 增值税纳税申报表附表三

《增值税纳税申报表附列资料（表三）》（以下简称《附表三》）是填写纳税人本期申报抵扣的防伪税控增值税专用发票抵扣联明细情况的列表，包括认证相符的红字防伪税控增值税专用发票。其具体格式见表12-7。

表12-7 增值税纳税申报表附列资料（表三）

（防伪税控增值税专用发票申报抵扣明细）

申报抵扣所属期：　年　月　　　　　　　　纳税人识别号：

纳税人名称：　　　　填表日期：　年　月　日　　　（金额单位：元至角分）

类别	序号	发票代码	发票号码	开票日期	金额	税额	销货方纳税人识别号	认证日期	备注
本期认证相符且本期申报抵扣	1								
	2								
	3								
	小计		—						
前期认证相符且本期申报抵扣									
	小计		—						
	合计		—						

注：①本表“金额”“合计”栏数据应与《附表二》第1栏中“金额”项数据相等；②本表“税额”“合计”栏数据应与《附表二》第1栏中“税额”项数据相等

5. 增值税纳税申报表附表四

《增值税纳税申报表附列资料（表四）》（以下简称《附表四》）是填写本期纳税人开具的防伪税控增值税专用发票存根联明细情况的列表，包括了作废和红字（负数）防伪税控增值税专用发票。其具体格式见表12-8。

表12-8 增值税纳税申报表附列资料（表四）

（防伪税控增值税专用发票存根联明细）

申报所属期： 年 月

纳税人识别号： 填表日期： 年 月 日

纳税人名称：（公章） （金额单位：元至角分）

序号	发票代码	发票号码	开票日期	购货方纳税人识别号	金额	税额	作废标志
1							
2							
3							
合计	—	—	—	—			—

注：①本表“金额”“合计”栏数据应等于《附表一》中第1、8、15栏“小计”“销售额”项数据之和；②本表“税额”“合计”栏数据应等于《附表一》第1栏“小计”“销项税额”、第8栏“小计”“应纳税额”、第15栏“小计”“税额”数据之和。

《附表四》中“作废标志”栏填写纳税人当期作废的防伪税控增值税专用发票情况，并以“*”为标记，纳税人正常开具的防伪税控增值税专用发票以空栏予以区别。